國小數學領域探究教學與課堂評量

陳嘉皇　著

五南圖書出版公司 印行

作者序

　　以「自發」、「互動」及「共好」為理念，並以「成就每一個孩子—適性揚才、終身學習」為願景，是十二年國民中小學數學領域課程綱要裡的基本理念。如何在不同年齡、能力、興趣或領域，皆能獲得充足且結合理論與應用的數學素養，是國民數學教育的重要目標。要達成這樣的理念和目標，當然就需要有有效的數學教學和合宜的評量作為基石，才易見效。因此課程綱要裡強調應規劃數學奠基與探索活動，讓學生能探索、討論，培養對數學的喜好，奠立學習的先備基礎，以期每位學生都能進行有意義的學習。教師應依學習重點及其說明，衡量不同程度的學生規劃課程、設計教案或教學內容，配合地方生活環境和學生實際需求，選擇適當而有趣的題材，布置適當的學習環境，以利教學。另外，也強調教師應於課堂教學時運用形成性評量，以探查學生的學習情況、學習困難以及與學習目標之間的落差，即時給予回饋或調整教學，以促進學生最大化的學習。

　　然而「數學探究教學」與課堂上常用之「形成性評量」對現場教師與師培生而言，既不熟悉，也礙於經驗不足、無可用的規範遵循，因此在實踐與應用上是項挑戰與困擾。為提供教師專業資源與協助，本書應運而生。本書提供了教師在數學探究活動設計與形成性評量制定上參考的工具與指南，期待教師參酌與理解後，能在教學與評量上了解學生的數學思維，並做出良好的教學調整方案和決策。本書內容除納入數學探究教學與課堂評量相關文獻、理論與論述外，最重要的是作者透過實務現場蒐集學生在數學任務產出之解題思維，增進教師了解自己擔任的角色，善用知識以解決問題，活用知識化為行動，依據學生解題表現制定分析性與整體性之評分規準，有效及客觀地評量學生學習表現，以培養學生具有統整知

識、批判思考解決問題的能力，增進學生自主學習、強化生活實踐的能力；協助教師審慎設計數學探究任務、用心推動素養教學，提升教師專業能力。

　　作者透過長期與現場教師合作經驗與心得以完成此書，除將數學學習問題所需知識加以生活化、情境化，透過實例彰顯與驗證數學探究教學與課堂評量在教學實務現場的可行和價值性，也提供所有願意擔任教師者有效的參考資料。

陳嘉皇　謹識

於國立臺中教育大學　2023.10

目 次

圖　次

表 次

第一章

素養導向的教學與評量

在學校裡，課程、教學與評量可謂是影響學生學習表現與成效的三大內容。有效推展這些內容的首要目標，應該讓師生們能夠精通數學並進行解題。然而，所謂的精通數學並非是在課堂裡反覆地熟練數學運算的技巧，很快地將算出答案而已；更重要地，是要讓學生能夠擁有豐富且相互關聯的數學知識，成為具有策略性和自主性的思考者和問題的解決者，以及富有積極、自主學習與正向的數學信念和傾向。

擁有自主學習能力並具有學習動機和熱情的這些目標，反映了時代的變化及需求。盱衡當今科技產品充斥於日常中，主宰了我們的活動和思維。在生活中，面對問題需要的解決能力主要在於如何掌控與駕馭工具的應用，如何應用創意思考協助創新更具便利的操作模式，讓腦力與學習力連結在一起成為有用的資源，以激發出最大的功效與作用，解決生活所面臨的問題，謀求人類最大的福祉。國際經濟合作與發展組織（Organisation for Economic Cooperation and Development, OECD, 2016）提出了未來理想生活的願景，支持廣泛的教育目標的實踐，並為想要的未來生活所需的學習力指明了方向：個體和集體的福祉（如圖 1-1）。學習指南強調學生需要學習如何在不熟悉的環境中自我導航，並以有意義和負責任的態度找到他們的方向，而非簡單地從老師那裡得到固定的指示或方向。該框架為學生在 2030 年及以後的時間內需要發展的能力類型，提供了廣闊的視野，包含全球相關且廣為人知的通用語言和理解，同時提供了框架內涵以適應當地情況的空間。指南的組成部分包括核心基礎、知識、技能、態度和價值觀、變革能力（core foundations, knowledge, skills, attitudes and values, transformative competencies）及預期、行動和省思的循環模式（anticipation, action and reflection）。這些核心基礎能力是為今日國民中、小學數學課程綱要裡的學習內容和學習表現，所欲培養自主、互動與共好之重點。學生作為主體的概念是 2030 學習指南的核心，指南要求學生在學習影響人物、事件和周圍環境的同時，能夠使用它來作為工具，有意識地行使目標和責任感來定位自己，使他們變得更好。

　　OECD 2030 年的學習指南透過在廣泛的結構中，闡述的學習類型來認識到學習的內在價值，並承認學習不僅發生在學校。這暗示著學習是一種自發性和探究性的行為，須從生活環境中經由探索問題之所在，發現問題的原因並思索解題的方法和策略，進而謀求最大的效益。多年以來，社會福祉的概念發生了劇變，所涵蓋的範圍遠遠超過了經濟和物質的層面，也包含了個體，甚至牽涉到整體生態。儘管我們對未來可能有許多不同的願景，但社會福祉是一個共同的目標。

圖 1-1
OECD 2030 學習指南的內容

　　OECD 2030 學習指南中的目標：預期、行動與省思，與我國現行十二年國民教育課程綱要的內涵有異曲同工之處，目標在於透過素養的培育追求全體人類的福祉，以提供師生發展與精進數學的基礎（教育部，2018）。這種「數學素養」培育的持續發展，最大的挑戰就在於如何讓學生和教師為「數學素養」培育這種變化做好準備。

　　本章內容主要從描述「數學素養」的定義和內容啟動，界定「數學素

養」是爲數學能力、爲數學的心智習性、作爲數學實踐的行動，比對現今課堂的實務現象與教育改革的方向；其次，談及探究的數學教學，論述數學素養培育的重要機制；再者，透過形成性評量以支撐及作爲評估數學素養成效的工具；最後，呈現探究教學與形成性評量的挑戰，明確顯示培育與推動數學素養的重要議題與困境。

第一節　數學素養

　　教育部於 2018 年公布中小學數學課程綱要後，至今「素養」（literacy）一詞已經成爲大眾耳熟能詳的一個術語，數學素養可以將它指涉成爲一種數學所學到的「能力」（competency）或數學的「心智習性」（Habits of Mind），更重要的是種實踐（practice）的行動。以下，茲針對素養是數學能力、素養爲數學的心智習性、素養作爲數學實踐行動敘述如下：

一 素養是數學能力

　　何謂數學能力？美國數學教師協會（National Council of Teachers of Mathematics, NCTM, 2000）提出學校數學教育的願景，認爲學生應該「有自信地從事複雜的數學任務」、「從各種多樣的數學主題中吸取知識」、「重視數學並積極參與學習」。美國國家共同核心數學標準（Common Core State Standards for Mathematics, CCSSM）的數學實踐標準要求學生「理解問題，堅持解決問題」、「抽象地和定量地推理」、「構建可行的論點，批判推理其他人的數學模型」、「策略性地使用適當的工具」，「注意精確」、「尋找和利用結構」、「在重複推理中表達規律」（NTCM, 2014）。要達成這些標準就需要學生在數學課堂裡學習相關的能力，並且能充分適切地在環境中加以應用，並有效地解決問題。

十二年國民基本教育課程綱要（教育部，2018）提及了數學應該提供每位學生有感的學習機會，數學教育應能啟迪學習動機，培養好奇心、探索力、思考力、判斷力與行動力，願意以積極的態度、持續的動力進行探索與學習；從而體驗學習的喜悅，增益自我價值感。進而激發更多生命的潛能，達到健康且均衡的全人開展。爲達成上述願景，則訂定了以下的課程目標：

1. 提供學生適性學習的機會，培育學生探索數學的信心與正向態度。
2. 培養好奇心及觀察規律、演算、抽象、推論、溝通和數學表述能力。
3. 培養使用工具，運用於數學程序及解決問題的正確態度。
4. 培養運用數學思考問題、分析問題和解決問題的能力。
5. 培養日常生活應用與學習其他領域／科目所需的數學知能。
6. 培養學生欣賞數學以簡馭繁的精神與結構嚴謹完美的特質。

除了這些數學教育要培育的目標能力之外，更明確地闡述：「數學素養指個體的數學能力與態度，使其在學習、生活、社會與職業生涯的情境脈絡中面臨問題時，能辨識問題與數學的關聯，從而根據數學知識、運用數學技能，並藉由適當工具與資訊，去描述、模擬、解釋與預測各種現象，發揮數學思維方式的特長，做出理性反思與判斷，並在解決問題的歷程中，能有效地與他人溝通觀點。」同時指出提升數學素養的願景是：「有效學習數學的思維方式，以便靈活運用數學知識、技能與工具，解決生活中的問題，並成爲具備理性反思能力的國民。」「素養」應該是每位學生都有權利獲得，且必須獲得的能力。

二 素養是數學的心智習性

當人類面對困窘和不確定的情境而無法立即明白答案時，心智的表現與應用就顯得非常的重要（陳嘉皇，2017，2020；Costa & Kallick, 2009）。如何面對環境帶來的壓力，如何將問題迎刃而解？這就端視於個體的心理素質如何應對，心理素質宛如心智習性一般要加以訓練培養，

在需要時會自然顯示流露。面對數學考試時，有人會焦慮恐懼、驚惶失措，有人則處之泰然、應對自如，這些行為很明顯地就有個別差異。何謂心智習性（Habits of Mind）？Leikin（2007）認為心智習性為選擇有效智力行為樣式的傾向和能力，包括個體的毅力、選擇有效策略的傾向和應用這些策略解決問題；數學的心智習性是種學生在生態系統下經由學習材料的涵養與教導後，將其所培養做數學的概念、技能、策略與情意整合為一習慣，用於解題稱之。例如：波利亞（Polya, 1945）的「怎樣解題」明示了解決數學問題有四個流程：(1) 理解問題（Understanding the problem）；(2) 設計解題策略（Devising a plan）；(3) 按步驟進行解題（Carrying out the plan）；(4) 回顧解答（Looking back），若學生學習並能應用，此種解題的運作將是一個非常有效的心智習性。數學的心智習性培養對於學生認知的需求是最基本的，不論任何社會階層、地區或經濟條件的學生都應接受優質的數學教學與輔導，提供學習的基礎路徑，獲取數學知識和概念，涵養未來進入社會生存所需的推理、臆測和證明的心智習性。

數學的心智習性理論以 Dewey（1933）早期對習慣和心智習性的處理作為基礎。此後，經由他們開創性的工作鼓勵了其他的教育工作者進一步實踐心智習性的概念。Cuoco、Goldenberg 和 Mark（1996, 2010）認為材料或課程的安排，可培養學生適應與解決問題的心智習性。依據學習材料的特質，心智習性可分成兩類：

一是任何學科內容皆可培養的一般心智習性，包括辨識圖像、探索、描述、發現、視覺化、臆測與猜想等基本能力或傾向，例如 Boaler（2016）提出的「數學的心態」（Mathematical Mindsets）提及的錯誤和困境的力量、數學的創造力與美、數字的流暢力等主張，透過一般豐富的數學任務與教學培養成長的心態。

二則是某特定學科所欲培養的心智習性，像是數學學科的內涵，可提供包含連續性的推理、在極端的環境下形成有啟發性的實驗，與運用數學

家工作使用的抽象概念（Mark, Cuoco, Goldenberg, & Sword, 2009），例如 Driscoll 等人（2007）透過分析空間與形狀教材的呈現定義出空間與形狀心智習性所需的思考方式。

　　數學的心智習性發展包含兩項主要的特徵：「思考」（thinking）和「習慣」（habituation），Harel（2007, 2008）將思考的方式等同於思考的內涵，視心智習性為內化的思考。例如在運算歷程，師生常將加號（+）或減號（－）透過情境脈絡將其視為是表示物件組合、追加、比較或是拿走的一種行動指示而加以運用。然而，在數字運算的關係理解，則可將加號和減號當作為算式裡對項目的區隔，然後再進行運算，例如 $28 + 3 \times 5 - 9 \div 3$ 此表達式，學生須思考將加號和減號作為算式裡項目分隔的動作或指示，將此算式分項為 28、3×5、$9 \div 3$ 等三個項目，因為這三項內的數字具有相同的屬性或關聯，因此可形成一項目，學生理解後再運用組合、追加、比較或是拿走的行動，進行分項後的計算，以獲取正確答案。這樣的思考促進了加號（+）或減號（－）運用的意義和功能。

　　Goldenberg（2009）將「習慣」視為是人們對其經歷的曲目（repertoire），能順利獲取、自然處理與完整組合的思考，可以讓思考變成良好的心智習性，不僅容易採用還可執行。Mason 和 Spence（1999）運用「認識在當下的行動」（knowing-to act in the moment）此種觀念解釋習性的特徵；Lim（2008）運用「自發預期」（spontaneous anticipation）觀念的發展，將心智習性視為是在特定情境採用特定方式對心智行動的認知傾向。透過習性運用的行為特徵，指涉心智習性是進入心中處理的第一項事物或潛入的第一種方法的傾向。就以乘法學習的進展為例（圖 1-2）（Ongoing Assessment Project, OGAP, 2017），乘法是數學學習的重要主題，對其理解是個複雜的過程，因此乘法思考的發展需要很長的時間。通常將其描述為以下的學習軌跡：

1. 直接計數；

2. 有節奏或跳躍計數；

圖 **1-2**
OGAP 的乘法概念進展

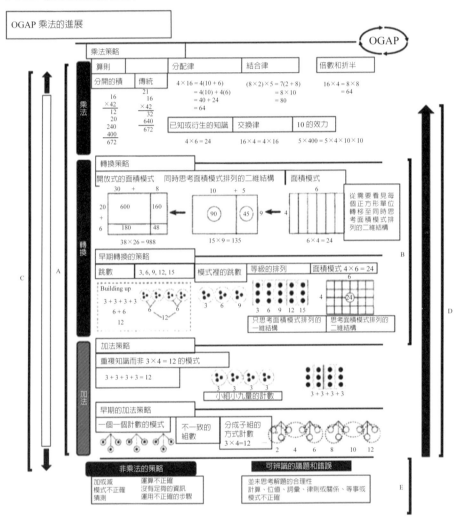

3. 加法思維；

4. 乘法思維。

　　根據 OGAP（2017）長期研究，發現學生在乘法概念由計數至乘法思維的發展常出現轉換的困難，一些原因在於教師提供的學習任務常以片斷

的方式呈現某些能力的運算練習，無法協助學生建構連貫統整性的乘法思維；另外，由於學生個別差異，其學習軌道不同，更增加教師在教學引導上的困難；最後，是數學語言的重要性，根據課程綱要能力指標的說明，教師應該在學習乘法過程，協助學生逐步發展「倍」的概念，作為統整乘法應用情境的語言。OGAP 乘法級數是關於學生如何學習乘法概念，幫助教師選擇或設計任務，理解學生思維，做出教學決策並向學生提供可行的反饋。

　　OGAP 乘法級數的移動是非線性的，它是一條複雜的途徑，當介紹新概念、相同概念的不同任務結構、複雜的數字或將乘法推理知識應用於其他數學主題時，解決方案會基於對定義的強度在乘法、過渡、加法和非乘法之間來回移動，但會朝向更複雜與聰慧的級數發展，這時在解題時會發現解題策略與方法的效用而形成運算時的一種習慣，例如運用數學的分配律和結合律的策略解題。「乘法」是國小二年級學生第一次接觸的數學概念，如果學生依賴記憶，而未對基礎的數學語言有深入的了解，那麼未來會難以使用和理解形式算法。因此教師必須透過有系統的話語實踐教學，讓學生思考心智習慣的途徑，學習有價值的數學知識。

　　上述的定義與說明提供了心智習性運用重要的觀點：

1. 心智習性需配合數學情境中的思考機會才能養成，具備良好的思考路徑和內容才能培養有效的數學心智習性，因此，學生接觸的教材與環境對其數學心智習性的養成有重要的影響。

2. 數學心智習性要變成習慣，需長時間持續地接觸相關情境並能有效應用，以使能自動連結並鞏固，教學的數學內容可提供學生建立和強化心智習性之用，因此其內涵與欲培養學生之數學心智習性的關聯非常密切。

3. 學生面對數學問題時，當下會運用其所建立的心智習性解題，在歷程中會呈現解題的思考和策略，因此培養思考方式與建立良好的心智習性可促進學生有效解題，減少學生解題的認知負荷，並能將此數學思

考方式與心智習性擴展與應用至未來生活情境。

三 素養是數學實踐的行動

　　數學素養的內容似乎包含了「知、識、行」的實踐行動（林福來等，2013）。在「知」的方面，除了包含對所學的概念和技能要能知其然之外，在應用時亦要知其所以然，所以它是種探究與解題的能力；「識」則包含了理解與溝通的能力，不僅要能利用數學邏輯能力辨識物件及變項之間的關係，還要能與人能夠清晰地說理與傳遞真理，明確地將數學知識做應用和擴展；「行」就是要付諸行動，應用數學知識解決生活的問題，謀求最大的福祉與效益。此種觀點在中國古代的書籍《中庸》一書的內容即已呈現，例如「博學之、審問之、慎思之、明辨之與篤行之」。數學素養實踐行動的精髓就在於肯定學習數學須能呈現「實踐」的行動。根據共同核心標準（NCTM, 2014）對數學實踐的強調，及加強師生數學內容和教學知識的巨大需求，設計了專業發展和研究課程的「行動法則」（Principles to Action, PtA）。數學的教學是非常複雜的，需要教師對其教學的數學知識有深層的理解，且對學生的數學發展和不同年級如何學習的進展具有清晰的影像。

　　總而言之，學生學習數學，基本上是依賴師生在教室裡伴隨課程進行交互作用時所發生的事物，在「行動法則」裡指認並說明了一組高標準實踐的重點，以強調有效的數學教學。八項數學實踐的行動法則描述了提升數學深層學習的基本元素，認為有效的數學教學開始於教師釐清和理解數學，針對選擇的作業督促學生學習須建立清晰易懂的目標，然後發展概念的理解和步驟的流暢性以提升推理和解題。教室在數學的討論上必須充滿豐富性，當比較和分析不同的解題策略時，伴隨學生運用和製造數學表徵之間的連結。討論必須藉由教師運用目的性的提問加以促進，教師也要明白學習數學時學生產出困難的建設性價值，並支持學生在解題時不屈不撓的態度。教室裡的教學和學習的交互作用必須藉由學生對接觸的數學內容

積極地思考和促進推理、感覺重要的數學觀念和關係的證據而引導。

2018 年頒布的十二年國民中、小學數學課程綱要實施要點中的課程發展強調：在符合彈性學習課程規範下，規劃數學奠基與探索活動，讓學生探索、討論，培養對數學的喜好，奠立單元學習的先備基礎，以期每位學生都能進行有意義的學習（教育部，2018）。總而言之，為促進學生素養的實踐，教師在課堂裡首要的能力在於能進行豐富討論教學的課程設計，根據 Stein 等人（1996）的主張，在學習活動的歷程裡教師要能：

1. 預期在認知要求的作業下，學生可能產出的反應。

2. 在作業探索階段監控學生的反應。

3. 在討論和結論階段，選擇特別的學生呈現其數學的反應。

4. 依據目的做排序，顯示的學生反應進展。

5. 協助學生對其他學生的表現反應加以理解，並做數學的連結。

教學實施方面，教師應依學習重點及其說明與備註，衡量不同程度的學生規劃課程、設計教案或教學內容。教材選取應配合地方生活環境和學生實際生活，選擇適當而有趣的題材，並布置適當的學習環境，以利教學。教師教學應以學生為主體，以其數學能力發展為考量，鼓勵提出多元解法並和他人溝通解題想法。數學學習節奏的生疏、精熟與快慢，因人而異，教師應避免將全班學生視為均一值的整體，而需透過差異化的教學與評量，分析學生的學習準備度，做適當的診斷、導引與協助。

另外也要鼓勵學生挑戰作業之毅力，包括：

1. 嘗試將作業和學生的經驗做連結。

2. 向學生解釋如何作業，期待其可以報告的思考類型。

3. 對作業熱烈的溝通交流，包含鼓勵學生能堅持完成。

4. 建構鼓勵冒險的氣氛，期待學生成功，錯誤是學習的其中一小部分，
   即便學生無法完成作業亦可從中學習。

5. 對記錄釐清步驟和期待，包括鼓勵學生在記錄時做合宜的筆記。

6. 巡視教室，觀察學生進行的作業，選擇可以報告的學生，賦予他應擔

任的角色，只有當需釐清重要的錯誤概念時才介入，支持無法完成作業的學生，並對能完成作業的學生予以挑戰。

7. 提供課程檢驗的時間，以讓學生可以洞察其他人的策略，並將教師提供的結論當成學習的機會。

上述內容討論了素養的定義，作者將素養視為是種能力、心智習性與實踐的行動，這些指涉除了包含了素養教學所欲培育的目標內涵外，亦可在實施探究式教學的歷程作為評量的架構和指標，以讓教師在實施素養導向時有所依循。

第二節　數學探究教學

108 年課程綱要的制定並未預設特定的教學法，但要求教師應能夠依據學生的年齡、前置經驗、授課主題特性與教學現場的狀況，因時制宜，採用能提供學生充分有意義學習的方法，順暢地進行教學，教學活動的設計應該注重學生不同階段的學習型態，並與教學目標配合，鼓勵與引導學生進行數學探究與合作解題。教學過程可以透過引導、啟發或教導，使學生在具體問題情境中，運用先備的數學知識為基礎，形成解決問題所需的新數學概念，並有策略地選擇正確又有效率的解題程序。教師可提供啟發性的問題、關鍵性的問題、現實生活的應用問題，激發學生不同的想法。教師引導學生體驗生活情境與數學的連結過程，培養學生以數學觀點考察周遭事物的習慣，培養觀察問題中的數學意涵、特性與關係，養成以數學的方式，將問題表徵為數學問題再加以解決的習慣，提高應用數學知識的能力。這樣的能力急需在數學課堂上能以探究的教學方式促進達成。因此，探究的數學教學將是課堂上常用的方式，因此，教師須對此種有利學生自主學習並提升解題能力的教學方式有所認識和應用。

一 探究的數學教學定義與特徵

　　探究的數學教學（或學習）是一種教育策略，學生遵循類似於專業科學家的方法和實踐來構建知識。它可以被定義為發現新因果關係的過程，學生提出假設並透過實驗和／或觀察來測試它們。它通常被視為解決問題的一種方法，涉及多種問題解決技能的應用，探究的數學教學強調學生積極參與和對發現新知識的責任，在這個過程中，學生經常進行自我導向、部分歸納、演繹的學習過程，透過實驗來調查至少一組依變量和自變量之間的關係。從教學的角度來看，複雜的科學過程被劃分成為更小的、邏輯相連的單元，這些單元引導學生對科學思維重要特徵的關注。這些單獨的單元稱為探究階段，並連結形成一個探究循環。教育文獻描述了各種探究階段和週期，例如：科學教育常用的 5E 學習週期模型（Bybee et al., 2006）列出了五個探究階段：參與、探索、解釋、細化和評估。White 和 Frederiksen（1998）提出的探究週期也確定五個探究階段，但將它們標記為問題、預測、實驗、模型和應用。

　　在數學教學中進行探究的數學教學不僅有助於學生建立探究為主的態度，還有助於加強對數學概念和程序的理解。通常探究的數學教學具有以下的特徵：

1. 以知識為中心的視角，將注意力集中在「要教什麼（學習目標），為什麼要教，掌握什麼使其看起來……」。

2. 以形成性評量為中心的視角，強調需要提供頻繁的機會，使學生的思考和學習成為教師和學生學習和教學的指導。

3. 以「質疑、尊重和冒險」文化作為基礎，並以同儕社群為中心的視角，及學生和教師之間的互動作為學習過程的核心。

　　就以乘法概念的發展為例，透過 OGAP 級數的了解後，教師可提供運動場活動的實境或圖片（圖 1-3）進行探究的數學教學，提出「運動場上現在有多少學生？」要求二年級學生解題。學生可分組加以討論如何計

圖 1-3
運動場

算出答案，學生可能產出的探究行為包含：

1. 一一點數並能夠加以標記。

2. 將參與同一活動內的學生予以圈選利用加法計數。

3. 觀察圈選的組合人數，將相同的人數乘以組別數目，予以整體加總。

4. 重新組合人數或將組別合併計數（結合律）。

　　最後教師可利用機會讓學生分享與解釋其解題策略與思維，並讓學生評估何種策略對其能力而言是較為適宜的，教師則鼓勵學生比較、選擇作為解題可用的行動，提升自己解題能力。

　　在探究過程中，學生和教師的角色及他們對教／學過程所需承受的責任都發生了變化，主要是學生／學生群體在尋找訊息、估計和猜測、臆

測和發現解決方案時必須積極主動，當同儕評量出現時，學生必須嘗試理解他人的解決方案，評論他們並提供回饋。教師的角色是為此創造適當的條件，他們必須創造一個鼓勵合作的環境，引導學生，支持他們尋找未知的解決方法，並提出問題，例如「為什麼？」、「你會如何解釋？」、「真的如此嗎？」和「做你知道的類似問題／任務嗎？」。教師必須積極主動，支持學生的努力，讚揚學生的貢獻（包括對學生犯的錯誤給予回饋），並且幫助學生根據自己的獨立發現和解釋與人溝通交流。

　　探究的數學教學的實施為整個教育過程帶來了根本性及系統化的變化，包含了課程、教師、學生，甚至於文化層面（圖 1-4）。首先，是對課程要求的回應，激發教師設計獨立探究的問題，改變學生和教師在教學過程中的角色，主要重點在於反應學生的思維，積極參與活動成為自主學生。學生和他們的老師構成了一個擁有自己的動力、條件和規則的複雜系統，積極參與活動成為自主學生。該系統可以用圖 1-4 中的模式來說明其

圖 1-4
數學探究教學系統的模式

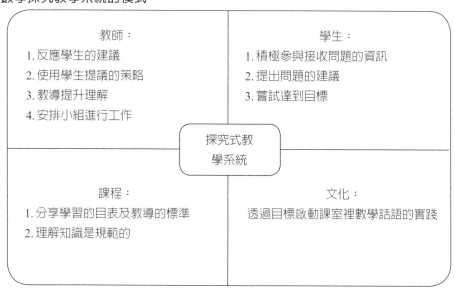

間的關係。

　　像科學探究一樣，數學探究是從一個問題或一組問題開始，透過觀察和探索尋求答案，進行心智、物質或虛擬實驗；提供有趣的相似之處並與回答的問題進行連接；已知的數學技術將發揮作用並在必要時進行調整。這個探究過程由假設的答案（通常稱為臆測），透過課堂的話語實踐引導，經過驗證，才能達成探究的數學教學的目標。

🔲 探究的數學教學歷程

　　探究的數學教學歷程如圖 1-5 所示，首先是發起探究的問題，要求探索的刺激問題須具備開放性：問題的不確定性可激發「開放」的探究，而且可以展示開放的心智表現。因為參與探究的成員心境不會一樣，會使用各種各樣的說明用來描述不確定的情況。面對問題情境時，他們有人可能感到不安、模糊、困惑、充滿衝突傾向等，如 Piaget 所描述的，學生面對一新環境時會產出不平衡的狀態，此時則需透過調適和認同的行動使其平衡，亦如培養數學心智習性的前奏曲一般，需要嘗試多種方法以尋求最適宜自己的解題行動。因此，探究的問題可用多種的方式來解釋，解決問題的方法可以有更多、有時更正確的答案。

　　目標是以「一堂課的問題」的形式實施，尋找和設計學生能夠激發探究的問題，這些問題的主要特徵是它們的開放性。為了解決這個數學問題，學生們發現（或者更好的，重新發現）其解決方法。根據他們的實際知識，進行實驗（心智、材料和虛擬），觀察相似性和差異性，並將其與他們當前的知識進行比較，為知識網絡增加更多的經驗和知識，協助重組現有的基模（如運動場的情境問題），在歷程中，他們會犯錯誤並從錯誤中學習（特別是他們自己的錯誤，也會犯其他人的錯誤）。

　　接著是需要計畫、執行並記錄解題過程和結果。在大多數情況下，教師需要協助學生創建一個工作表，讓學生能記錄問題的解決方案並提供同儕評量。學生在工作表中描述了他們的解決方案過程，之後，他們交換

圖 1-5
數學探究教學的歷程

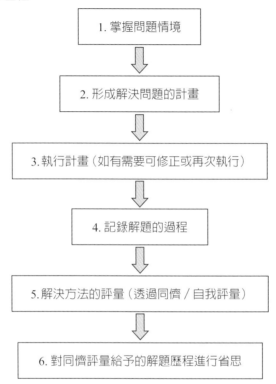

工作表，並提供關於解決方案的書面回饋。收到同儕的評論後，每位學生
（或一組學生）都有機會根據他們收到的回饋修改原始解決方案。除此之
外，每位學生還須簡要地回覆了他們收到的回饋。教師在課堂上的計畫和
決策對於教學中要達到的教學目標，應該有明確的定義，這個前提要在教
師備課的歷程中經常加以討論。在小學數學教學時，教師經常使用教具材
料來支持教學，這僅限定課程的主題，並涵蓋課堂管理（課程中將包括哪
些問題、如何安排課程及將採用何種形式的課堂組織）。教師不僅要計畫
學生的學習內容，而且要正確解決教科書、工作簿和工作表中提供的相關
數學問題，提供學生學習的回饋和評量。

　　在探究數學的教學中，學生從他們的解決方案中獲得的回饋品質，取決於問題定義的準確性和「探究」學習目標的實施（圖 1-6）。在課程開始的階段，教師提供或設計的數學問題即應配合學習目標的定義要求，通常可配合能力指標呈現的內涵（例如：操作獲得經驗、在新環境中應用已知的程序）。探究的行動是推動解決方案向前發展的基本要素，探究的貢獻在於探索解題的方法，並創造此解題方法的產出。然而，這些創造的方法並不被一些熟悉類似傳統解決方法的評量者當作評量加以應用，甚至於只重視學生產出數學問題的答案是否正確。如果解決的方案沒有被學生清楚明白地描述，後續學習的情況會變得更加複雜，甚至會帶來負面的回饋。因此探索的歷程若能融入適當的形成性評量方式，像是同儕評量或是自我評量，將可使探究歷程產出之解題策略讓更多人了解與接受，達成互動共享的要求。

圖 1-6
數學探究教學的目的

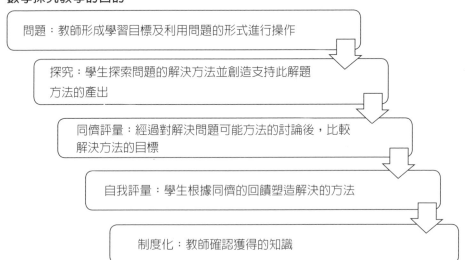

問題：教師形成學習目標及利用問題的形式進行操作

探究：學生探索問題的解決方法並創造支持此解題方法的產出

同儕評量：經過對解決問題可能方法的討論後，比較解決方法的目標

自我評量：學生根據同儕的回饋塑造解決的方法

制度化：教師確認獲得的知識

　　探究目標的制定與所獲得知識的制度化問題有關，在探究式課程結束時，學生們希望能夠對所做的事情做出明確的決策，期望他們解決方案的結果：

- 發現的知識；
- 由小組批判性地討論並接受分享。

　　最後的總結在老師手中，如果老師沒有足夠清楚地表達學習目標，他們的總結就很模糊（例如：常以「你工作得很好」、「我對你的工作感到高興」，無具體實質的行為）。教師的總結與激勵可以促進學生肯定其自我解題的思維和策略，讓學生從繁複的解題歷程中，解析與歸納數學精緻之美，能化繁為簡，朝向制度化的數學規則而學到數學的意涵。

第三節　課堂評量

　　評量作為一種回饋的工具，是學校教育主要參與者（教師、學生、家長與行政人員）之間相互作用的重要組成部分，長期以來一直是數學教育討論的主題，因為它影響了整個教學體系的性質。評量與學校傳統和教育文化密切相關，出於這個原因，學校實施探究式為主的數學教學，需要考量遵守課程要求的挑戰，包含了對課堂管理意外和不確定的情況及進行評量的問題。

　　在課堂上，學生成就的證據是由教師、學生或其同儕引導、解釋和使用的，或者更有充分的根據，而不是在沒有得到證據的情況下做出決策，如此，才能為下一步的教學做出決策。評量是檢驗教學效果的過程，教師應透過各種評量方式，改善教學。評量有多種方式，譬如紙筆測驗、實作、討論、口頭回答、視察、作業、專題研究或分組報告等。教師宜視教學現場需要，選擇適切的評量方式。如果他們知道學習的目標，他們可以期待並有效地引導努力。

一 評量的類型

　　數學教育的評量和測驗的重點在於：與教師評量專業知識的發展及其在數學課堂中使用評量有關的問題、與評量和數學教育中反映當前思維的課堂實踐有關的問題和例子（使用評量作爲數學課堂的學習）。對學生進行評量，需要詳細說明數據蒐集的類型及內容和解釋的目的，即評量的目的。這會影響教師做出的一些決策：

1. 要蒐集的數據（例如系統地或偶爾地）是什麼；
2. 對這些數據如何解釋；
3. 關於它們的溝通；及
4. 對它們做出進一步的決策。

　　關於如何使用評量及如何實施評量，可以區分爲兩種方法：

1. 檢查並綜合學生學習情況的總結性評量。此種評量方式涉及個別學生、學生群體或整個體群（例如大規模的外部測驗和考試）。形成性評量的主要特徵：學生在自己的學習決策中扮演著積極的角色，如果他們知道學習的目標，可以能夠更有效地引導他們的努力。
2. 支持學生學習過程的形成性評量，這涉及到數據蒐集和解釋的過程，學生和老師使用這些過程來做出以下決策：到目前爲止學生學到了什麼？他們的學習目標在哪裡？他們如何得到支持和協助，以便學習？

　　Black 和 Wiliam（2009）解釋形成性評量：關於學生成就的證據是由教師、學生或其同儕引導、解釋和使用的，以便對下一步教學做出可能更好的決策，或者更有支持的根據，而不是在沒有得到充分證據的情況下做出的決策。Harlen（2014）描述形成性評量的教學／學習過程，作爲學生的一種學習的重複循環過程。在探究的教學中，形成性評量自然會滲透到探究過程中：

1. 教師的回饋包括關於如何進步的建議；它不會將學生的表現相互比較。
2. 教師利用這些訊息對其課程進行調整，讓學生有更多的學習機會，更

能順利獲取知識。

3. 教師和學生之間的對話支持學生反思學習的過程。

4. 學生透過參與確定促使他們前進的因素來發展自我評量。

形成性評量在探究的數學教學尤爲重要：與自然科學的情況一樣，探究的數學教學指涉的是不向學生展示數學現成的結果，相反地，而是爲學生他們提供體驗的機會：

1. 數學知識是從觀察自然界及數學領域本身，如何透過個體和集體的嘗試來回答各種領域出現的問題。

2. 數學概念和結構如何從組織結構中出現，然後被利用來回答新的和具有挑戰性的問題。

課堂裡常用的形成性評量有多種方式，譬如紙筆測驗、實作、討論、口頭回答、視察、作業、專題研究或分組報告等（將素養視爲能力、心智習性與實踐行動）。教師宜視教學現場需要，選擇適切的評量方式。

形成性評量的優點

形成性評量可以配合總結性評量的應用，配合探究的數學教學而達到最大的成效，它具有以下的優點：

1. 課堂教學運用形成性評量可探查學生當下的學習情況、學習困難以及與學習目標之間的落差，即時給予學生回饋或調整教學，以促進其更好的學習方向。

2. 同時關照到學習成就、學習準備度、學習動機與學習歷程，分析學生是否能達到教材內容、教學目標與相關課程學習的重點，提升教師的教學專業能力。

3. 依據學生個體的評量結果，教師可以理解學生既有的知識與經驗，也可從學生發生的錯誤，回溯其學習上的問題並加以輔導修正，獲致較有效度的診斷資訊。

4. 可依時機進行評量方式的選擇，避免對評量結果做錯誤或不適當解

讀。學生起點行為的評量，可作為擬訂教學計畫之依據；學習過程中的評量，可以及時發現學習困難，進行日常補救教學；學習後的評量，可作為學生學習回饋及輔導學生的參考。此種評量方式提供教師對學生的表現有較客觀及有力的輔助。

5. 形成性評量配合評量目的，能恰當反映學生的學習狀態，並讓所有的評量方式發揮它的特長。

6. 評量時可以給予學生充分的時間思考，避免出現容易引起學生猜答的是非題與選擇題，可要求學生將過程盡量寫下，以了解學生思考的步驟，並可訂定分段給分標準，依其作答過程的適切性，給予部分分數，並讓學生理解其錯誤的原因。

形成性評量是教師教學歷程的利器，在課堂裡教師可以利用以下四種形成性評量方法：

1. 老師和學生之間進行的數學問題和其他相互作用；

2. 課堂中的結構化話語實踐；

3. 評量（評分和回饋）；

4. 同儕評量和自我評量。

形成性評量是一組複雜的知情行動，關注識別和理解學生的想法和方式，以提供反饋和／或調整教學以更好地滿足學生的學習需求（Black & Wiliam, 2009）。教師可將形成性評量用於多種目的，包括：

1. 評量學生對數學內容的熟練程度（Davis, 2017; Rathje, 2018）；

2. 評量如何調整教學（Austin-Hurd, 2016; Bonham, 2018; Philhower, 2018）；

3. 理解和鼓勵學生的批判性思維和推理（Philhower, 2018; Wallinga, 2017）；

4. 評量學生的參與度和態度（Bonham, 2018; Wallinga, 2017）。

教師根據評量情況的性質（即有目的和計畫的或無計畫的和直覺的）、發生頻率、評量形式（口頭、書面或視覺）以及現成的策略使用不

同類型的形成性評量在整個數學課程中，為特定目的從學生那裡蒐集數據。例如：Philhower（2018）發現提問是教師在課堂上用來做出教學決策的主要工具，而 An 和 Wu（2012）研究要求教師分析學生書面作業錯誤以了解學生思維的好處。當教師學習與應用形成性評量時，需要了解形成性評量的定義對他們很重要、形成性評量在數學課堂上的作用，以及影響何時、如何及使用何種類型的形成性評量的因素。

第四節　探究教學與課堂評量的挑戰

　　教師需要有靈活的工具以能在數學和學生之間架起橋梁，並能夠識別數學中不同的推理和表示方式（Hoover et al., 2016）。利用探究的數學教學活動與使用對學習有用的非正式或形成性評量的工具（而不僅僅是對已學知識的評量），可以幫助教師發展這些知識。然而，在小學數學課堂上引入形成性評量可能會面對什麼困難？對教師的採訪顯示，在數學探究教學期間的評量對師生而言都是一項相當困難和挑戰的工作。

壹、教師教學實務面臨的困境

　　探究的數學教學與課堂評量是數學素養導向教學要求的兩大核心，影響其成敗，在於兩個關鍵問題——蒐集和分析高品質的學生表現證據：

1. 是蒐集的資料牽涉「發生了什麼？」可迅速檢查探究的數學教學對每位學生學習的影響。但是，師生若沒有抱負感和高期望、理解發生的事情是不夠的。

2. 是關於學生的學習是否足夠——是否為每位學生做出了足夠的改變？教師有義務採取包容個別學生的做法，而不是整個學生群體。探究的數學教學與形成性評量要求教師能夠培養學生具備後設認知和自我調

節的能力——能夠思考學生的想法與其他相關的探究，並積極發起、激勵和指導學生自己努力獲取知識和技能，而不是依靠他人的指導。這種要求促進了教師成為自己，並展示了從實踐中學習及為實踐而學習的技能，及透過自己的學習和發展加強這些探究的方法。

老師反映發現探究的數學教學與課堂評量在實施時，比他們預見的更重要和困難。這些困難與挑戰包含：

一 時間和資源需求的困境

師生課堂上採用的工作表單、評量工具和教師支援的時間，這與教師需要適當支持的問題有關。雖然教師們了解在教學期間應對學生的工作表單設計與應用表示認同與支持，但意識到學生經常無法向同儕提供有意義的回饋，無法進一步推進提供足夠的線索以利教師下一階段教學的決策。因此，發展學生的同儕評量的能力是一項重要的技能，這種技能應該幫助學生不僅學習評量（自我和同儕），而且需能掌握課程的內容、目標及進程；詳細闡述探究任務的學習進度結構是非常必要的，但是對於已經使用公開問題發起的探究（例如教科書一些已設計完成的問題）來說，這或多或少是不可能的。同儕回饋和學習的總結對於「新知識的制度化」很重要，即深化對所研究概念的理解。但是，在教學的總結階段，有關全班討論而歸納出的經驗是有困難的，無法促進學生進一步發現規則而使新知識能夠制度化。

二 評量方式改變造成適應不佳

一些教師評論直接關係到課堂實務的狀況，在介紹形成性（同儕）評量時，從簡單的任務開始並接受一些培訓任務（例如：開展一系列類似的任務並且要求學生尋求同儕回饋），發現在課堂中講話時，學生能夠精確和細緻。但是，要轉至同儕的書面回饋似乎就顯得困難了。尤其是讓學生們更願意、有機會看到並討論更多的解決方案，這是一個大問題，因為教

師們意識到學生可能需要更多時間來考慮評量，這會影響到課堂教學的進度。另一些教師認爲家長對學習的看法是實施形成性評量的障礙，家長認爲只有與學生的教科書一起工作並按時完成，才算是完善的學習，其他任何事情都被視爲娛樂或放輕鬆。以考試和標準答案爲主的信念對學生及家長而言雖是重要的，但若無相對措施的比較，即便是再好的活動與任務設計還是無法取信他們對評量分數的認知。

三 素養目標崇高難以達成

　　探究的數學教學與課堂評量的目的是讓學生對他們的學習負責。學生是否願意接受這一責任，很大程度上取決於他們是否理解各種學校活動的含義，以及是否有能力識別何時使用哪項活動。這意味著學生需要定義和接受他們的學習目標和空間，判斷是否能眞的實現了這些目標。如果學生有機會談論他們的學習並反思學習過程，就會形成高階思維技能和後設認知。有證據顯示，學生很快就能適應探究的數學教學和同儕評量，在探索和評量對方的意願及在這些活動中獲得成功的經驗都有所發展。個體和群體在解決問題和發展自主評量時都是獨立的，這是一個漸進的過程，必須給學生足夠的空間，如果在與全班同學討論問題的可能解決方案之前，對同儕工作進行形成性評量會更有成效，討論減少了學生與問題解決方案正確性相關的不確定性。然而這些崇高的要求，需有師生積極的支持與時間和資源的挹注，以及教師強固的學科和教學知識才容易達成。

四 探究的數學課程任務設計困難

　　探究的數學教學內容（課程要求），如何使用（教學法）和課堂評量之間的關係是：學生受教的內容受教師教學方式的影響，以及學生受教的內容和教師教授內容的影響。因此，如果數學教學內容豐富，但評量需要記憶事實（再現）而不是概念性理解（生成或省思），那麼以學生爲中心的方法，包括探究式教學就會顯得窒礙難行，不需要要求學生對他們的學

習負責和進行省思。另外，要培養具有系統性思維和帶得走的技能的任務活動，與一般教科書的內容不同，因為教師認為數學中的開放式探究難以準備和管理。同儕評量在提供回饋意見時感覺有些不太確定，除非學習知識能先轉化制度化才行，亦即教師須有確定性及明確的教學路徑和答案才能引導至教學任務完成。

貳、探究的數學教學標準

Sinnema 等人（2017）建議探究為導向的教學標準：學習中的探究、教學策略、教學策略的制定、教學的影響、專業學習和教育系統。每項標準都強調「教師高質量的探究素養與學生的經驗密切相關，這些經驗利用教育的知識體系、能力、性格、道德原則和對社會正義的承諾」。將其內容說明如下：

一 知識體系

該標準要求教師不僅要確定學習重點，還要為每位學生確定學習重點，並能夠捍衛所做的決策。此類決策的知識庫很複雜。如果是關於學生成果的技術性、站得住腳的決策，就需要對教育和學校教育目的的理解，並且需要認識到這些目的是有爭議性的。例如：一位不了解教育歷史和教育哲學的教師，只能對他們為什麼要教授的內容進行有限的辯護。在更微觀的決策層面，關於結果的可靠決策需要以下的知識：

1. 利用人類發展的知識和該學科的「典型」學習軌道進行檢驗，告知這個年齡段的學生可能適合的下一步。
2. 關於什麼學習最有可能吸引學生的動機的文獻，及關於課程要求和外部基準的知識，以告知學習的權利、願望和期望。這種知識本身嵌入了對學科的深入和靈活的知識——它的結構和範例——這是為學生建議下一步的可能性的基礎。

3. 關於每位學生學習重點的決策還需要考慮學生的背景知識、興趣和先前知識，以確定學生為學習帶來的經驗和優勢，並確定他們需要發展的領域，以及社區和學校的願望和優先事項。

二 能力

教師還需要利用技術能力，例如解釋關於他們的學生的評量數據，以便為後續步驟提供訊息，及評量在有限的教學時間內使用競爭優先事項的智力能力。如果結果是預先確定的，教學將是一項相對簡單但顯然是無法令人滿意的活動。開放的態度可確保對有價值的結果，給予應有的考慮。

三 道德規範

這個標準是每位學生的結果的相對重要性，而不是絕對的重要性，因為教師很少能為每位學生提供全神貫注的關注和考慮，所以在對學生有價值的結果做出判斷時，經常需要權衡取捨。該標準的決策規範維度要求教師注意道德方面的考慮──盡可能減少傷害並努力爭取的道德承諾，來捍衛他們對優先學習的專業判斷。促進所有學生的身體、情感、社交、智力和精神健康。

四 社會正義

對優先事項的捍衛必須植根於對社會正義的堅定承諾──設定高期望並避免決策中的缺陷思維。以這種方式構建標準的實踐部分──為每位學生做出關於學習優先級的合理決策──並未對時間使用的技術官僚或簡單化辯護（像是教學時間不足、我會教不完……）。相反，它被提升到一個複雜的判斷過程的地位，該過程評量競爭選擇的相對優點，並承認即使是最有力的辯護決策本身也是有爭議的。

五 性格

透過利用關於所有學生、學習、社會和文化、內容、教學法、內容教學法、課程和評量的教育知識體系，使用文化、智力、批判、關係和技術能力，表現出包括思想開放、容易犯錯誤、洞察力和能動性在內的性格，應用道德原則並表現出對學生、家庭、職業和社會的承諾，並透過挑戰種族主義、不平等、缺陷思維、差距表現出對社會正義的承諾和不公正。

　　該標準說明了對優先學習的關注，它還強調了背景的特殊性對這些標準的重要性。它不是對預先確定的教學策略提出期望，而是對教師在為自己的學生確定教學策略時，表現出的專業性和嚴謹性提出期望。透過這種方式，標準以一種考慮到教學環境和教師通常與之合作的異質學生群體之間的高度差異的方式，區分了效率較高和效率較低的教師。這些標準與其他的標準一樣，旨在促進更好的學習，因為它們促進對師生做出反應的實踐。

　　標準要求的是一位積極進取的教師——一位善於探究的專業人士——能夠對他所教的情況、他的學生和期望的結果做出反應（Sinnema et al., 2017）。其次，透過承認和反映標準中教學的複雜性，而不是處理多個領域中每個領域的多個標準來解決還原論者的批評。最後，資源與探究的明確整合旨在避免理論與實踐的二元論。標準中突出的實踐需要並整合許多以前的標準中獨立存在的資源，數學素養導向的教學與評量對此考量與要求，似乎有其必要性與迫切性。

第二章

數學素養與探究教學

教學可能是我們人類所有發明中最複雜、最具挑戰性、要求最高、最微妙和最可怕的活動。數學素養教學的要求很高，主要原因在於它涉及的眾多力量及教師面臨的情況，本質上是模稜兩可、較難掌握、充滿困境的性質。當前教育環境的許多特徵使得這些要求更加複雜：指導或在某些情況下規定數學教學的課程的性質；教師、學校和系統面臨的責任；及學生成績持續存在的不平等現象。正如人們長期以來承認的，數學教學任務涉及複雜性，即教師通常同時會與許多不同能力及特質的學生一起工作；它還源於構成教師工作的多重、廣泛、不斷變化且有時相互競爭的目標——其中一些目標是即時的、一些是短期的，還有一些是長期的；另外，數學教學涉及多個未知數，包括學生的反應和每一個教學情境的獨特性，這些未知數導致了所謂的「長期不確定性」，教師必須學會忍受這種不確定性，因為這是他們專業實踐的一個重要組成及須克服的部分。也因為這種不確定性，激發了我們需要以探究的精神去理解和克服它。本章內容首先針對教室環境的多元複雜特徵與探究的數學教學關係加以描述說明，然後，描述探究的數學教學路徑，最後呈現素養的教學模式，進而彰顯數學探究教學的重要性與必要性。

第一節　多元複雜的教室

教室的活動是由教師、學生、課程、學校行政、環境與其之間的教學和評量互動所組成，因此學生在學習數學、解決問題時須考量到教室其所牽涉到的複雜、情境與主動的特質，了解其間錯綜複雜的關係，才有機會和能力實施有效的探究任務，促進有效的數學教學，提升最佳化的學生成就表現。

一 數學教學的複雜性

　　數學教學因爲涉及多方向和多因果的過程，因此，教學的決定絕對不能採取以例行公事處理的方式面對，有效的數學教學的決策取決於課堂裡學生的反應和在特定時刻尋求的特定目標。當我們將教學視爲一個複雜的系統時，教學的複雜性也就不足爲奇了。與其他和教育相關的複雜系統（例如：廣義的教育、學習、學校教育、師資培育和教師專業學習與發展）一樣，數學教學涉及多個方面，這些面向是不能分開加以評論的。例如：將課堂管理技能、主題知識和教學技術的鏈條分開，將無法認識到這些鏈條之間相互關聯的性質，以及教學的複雜性和動態性。教學的複雜性對探究的數學教學標準或目標具有重要的意義——它們應該包括並整合與有效教學相關的多個領域，例如實踐、知識、能力、性格和道德原則，才足以達成並收到成效。

二 數學教學的情境性

　　與複雜的數學素養教學概念相關的是情境教學的概念。教學受其所處情境的特殊性影響，鑒於任何教學情境中涉及大量複雜的變量所組合，這種情境意味著每一種數學教學情境都是獨一無二的，且無法隨著時間的遞移變遷而可複製，任何教學情況都不會與以前發生的情況完全相同。因此，教學的品質「有時在一定程度上取決於教師如何根據當前的環境調整他或她的教學使之有效」。當教師對不確定性做出反應並「透過實驗和創造力」關注特定情況的特質時，就會出現良好的適應性教學。

　　教師需要根據每一種新的情況或數學議題調整教學，這對要達成的探究的數學教學目標有兩個關鍵影響——(1) 他們應該促進對自己實踐的獨特情況的探究；(2) 他們應該明確對待和回應學生的多樣性和文化，因爲任何一間教室中這些後設元素的組合也將是獨一無二的。教師在課堂裡的工作包含教學和研究，教師研究應該將其嵌入到他們的數學教學工作中

（而不是模仿學術研究）。教師教學的目標不是強迫遵守教學規則和嚴格遵循規定的方法，而是教育自己能夠進行合理的推理，並提高他們的教學成效。合理的推理既需要思考教師自己正在做的事情的過程，也需要充分的事實、原則和經驗作為推理的基礎。

三 數學教學的主動性

基本上，數學教學是一種主動、持續進行且變化的認知活動。與其他專業人士一樣，教師必須掌握他們的數學學科知識才能在自己的職業中發揮作用，但僅僅了解他們的數學教學主題是不夠的。專業人員不僅僅是知識的持有者，他們還是肩負著為了學生客戶的利益，而根據這些知識採取行動的人。數學教學的主動性源於它是一個內在的關係過程，它發生在特定類型的社會情境中，涉及教師和學生之間的互惠關係。數學教學的主動性意味著探究的數學教學目標應該超越教師所知道的，包括他們在實踐中如何行事和應用這些知識。教學的標準應該同時關注和整合實踐和知識，僅限於或強調教學的被動知識方面而不是主動實踐方面的標準邏輯是有缺陷的，而最佳方式就是鼓勵自主學習。

在數學教學的主動性上，教師應將自己定位為積極的、能動的參與者，參與決定他們的實踐和判斷其有效性。教學的複雜性、情境性和主動性促使以探究為核心的教學標準，側重於要求教師做某些事情或了解某些事情的標準，與每位教師所處的複雜和獨特情況中固有的不確定性以及不一致。為了教好並改進數學教學，教師需要展示以解決面臨的特定複雜性、條件和挑戰的方式探究這種不確定性的能力。將「探究的數學教學」的概念描述為「一種了解和置身於教育實踐世界的方式，它跨越教育背景和個人職業生涯的各個方面，並將個人與更大的群體和社會運動聯繫起來，旨在挑戰教育現狀造成的不公平」，這種探究的概念告訴我們將對社會正義的承諾和有效教學的配置作為教學模式的核心。

第二節　探究的數學教學

壹、探究的意涵

　　「探究」一詞在教育與實務界並存著不同的解釋（Abd-El- Khalick et al., 2004）。一方面，探究是指作爲一種教學方法的手段，它讓學生「在參與科學實踐和討論時，產生和評量對自然世界的科學解釋（……）處理數據並使用證據和邏輯來理解一些事件」（Crawford, 2014）。教育改革和政策文件一直在推動這種概念化。例如：下一代科學標準將探究作爲學生在教育系統早期階段參與的一項主要科學實踐（NGSS Lead States, 2013）。另一方面，探究也被認爲是科學教育的結束，它指的是一套認知和操作技能，也指對科學探究的理解。這些技能包括辨識變量、提出假設、使用證據、評量解釋和得出結論（Bunterm et al., 2014; Fang et al., 2016）。後者與探究有些偏離，但有利於理解科學探究的本質（Lederman et al., 2021），這包括以個人和社會做出明智科學的決策爲主所必需的決策方面，例如影響結果的程序、數據和證據之間的差異或科學方法的神話。探究教學的實施給整個教育過程帶來了根本性的變化；首先是對課程要求的回應，激發獨立調查的問題，改變學生和教師在教學過程中的角色。學生和他們的老師構成了一個擁有自己的動力、條件和規則的複雜系統。探究教學爲何是十二年國教領綱強調的教學方式，其背後顯示著國家教育政策對培育未來人才的期待與數學教育改革和發展的重要性。

貳、探究的重要性

一　推理和解題是改革數學教學的要點

　　探究的數學教學是一種教育策略，學生遵循類似於專業科學家的方法

和實踐來構建知識。它可以被定義為發現新因果關係的過程，學習者提出假設並透過進行實驗和／或進行觀察來測試它們（Pedaste, Maeots, Leijen, & Sarapuu, 2012）。它通常被視為解決問題的一種方法，涉及多種問題解決技能的應用。探究的數學教學強調積極參與和學生對發現新知識的責任，在這個過程中，學生經常進行自我導向、部分歸納、部分演繹的學習過程，通過實驗來調查至少一組依變量和自變量的關係。進行探究的數學教學不僅有助於在學生中建立以探究為基礎的態度，還有助於加強學生對數學概念和程序的理解。為了使學生在數學解題時能夠持之以恆，教師越來越需要設計和實施探究的教學，讓學生透過困難和挫折感參與解決問題。安排探究的數學教學活動可以鼓勵學生激發數學問題來支持持續的探究，為學生提供探究數學思想的機會；探究的數學教學課程活動，可讓學生在進行實驗、制定策略、建模、製作和測試的歷程，透過提問和回答來追求數學理解猜想。越來越多的證據顯示課程材料會影響數學的教與學，採用探究的數學教學，旨在讓學生參與提出問題和解決挑戰，這些解題和挑戰需要複雜的推理和策略形式。數學問題在數學探究的活動中起著核心作用，要讓學生開展探究的行動，必須存在一個讓學生值得深思的問題，這樣才會激發學生投入於尋求答案。維持探究需要一個或多個問題，這些問題足夠複雜以至於學生需要花費更多的精力，並具有足夠的吸引力，來刺激學生和老師提出並追求其他問題（Richman et al., 2019）。

二 探究是種高認知的能力

一些學者認為在數學學習的歷程裡學生透過教材的呈現會出現記憶、沒有連結的過程、有連結的過程及做數學等四種認知行為（Stein et al., 1996）。並非所有任務都為學生的思考和學習提供了相同的機會，但是學生在課堂上的學習效果最好，因為課堂上的任務始終鼓勵高水平的學生思考和推理，但是在課堂上學習任務通常是程序性的，具有高認知要求的任務最難以很好地實施，因此在教學過程中通常會轉化為要求較低的任

務。有關四種認知行為表現的內容及說明如圖 2-1 所示：

圖 2-1
數學學習歷程學生呈現的認知表現

記憶型數學問題

解題時只需要用到先前學過的知識、公式、規則或定義。

不需要使用程序來解題，因為問題本身不具程序或完成解題的時間太短，以致不需要使用到程序。

問題不是含糊不清的，是可以精確、直接、清楚聚焦的。

問題沒有概念上的連結或者以規則定義為基礎再去衍生出新的問題。

缺乏連結程序型數學問題

問題是計算性質的。以之前的教學、經驗或定位為基礎，明確地進行程序解題。

以有限的認知需求來解題，什麼概念需要用到或如何去做，意義上並不明確。

問題是在沒有概念上的連結或意義下，進行程序性的解題。

問題的焦點在於正確答案的產生而不是發展數學概念的理解。

問題沒有要求解釋或只有著重於描述解題時所使用之程序。

具連結程序型數學問題

高層次
需求

焦點在於學生發展更深一層的數學概念及想法時所使用的注意力程度。

建議遵循的方法，廣義的程序性解題是與概念性的想法有密切的關係，反對狹義的計算。

通常是以多樣、複合的表徵方式呈現。使用多重表徵的連結可以幫助發展有意義的學習。

需要有一些的認知上的成長，雖然以一般的程序進行解題，但不可以不用到思考，學生想要成功的解題和理解上的發展，在解題過程中需要概念的連結使用。

做數學

高層次
需求

問題具複雜和非規律性的思考。

要求學生去探討並了解數學概念的本質、程序和關係。

要求學生能使用相關的知識和經驗來適當並有效地解決問題。

能學習自我監控或調整自己認知的過程。

要求學生能分析並積極檢查問題可能帶來的解決策略上的限制。

重視學生的認知活動以及可能涉及學生不可預測解決過程之性質的焦慮。

　　認知需求的最高層次即「做數學」，其特徵是需要學生在數學解題的歷程能夠進行調查、建立新的連結、證明理由等等的能力展現。在這個層次上，數學任務和活動很複雜，要求學生制定策略、建立連結、建立數

學論據並解釋他們的思想。因此，被描述為「做數學」的任務可以支持探究行動的進行。在教科書中，數學任務通常位於其他文本元素中，例如陳述、實例和定義（Smith et al., 2013），特定任務的性質取決於其在課程內容序列中的位置，例如：問題提出後是否要求學生立即回答，將影響在課程中進行探究的可能性（Dietiker, 2015）。

　　Rumsey 等人（2019）就主張課堂裡師生與同儕之間對於數學的論辯是種高層次的能力，在論辯的歷程可以觀察學生會呈現四種層次的能力：注意和驚奇、臆測、論證、分享修改，論辯的描述與如何在課堂裡提出促進其發展的問題，將之整理如表 2-1 所示。

⤷ 表 2-1

課堂論證的層次、描述及促進的問題

層次	描述	促進此層次的問題
注意和驚奇	* 探索和觀察模式。 * 蒐集有關模式的訊息。 * 在例子之間建立聯繫。 * 問好奇的問題。	* 你注意到了什麼？ * 這些方程式有什麼共同點？ * 誰有相關觀察？ * 你想知道什麼？
臆測	* 考慮該模式將如何擴展。 * 將特定觀察擴展到對所有數字或案例的概括。	* 這種觀察總是正確的嗎？ * 關於＿＿＿，你認為什麼總是正確的？ * 該策略何時起作用？ * 這是真的嗎、有時還是從不如此？你怎麼知道？
論證	* 讓某人相信這個想法總是可行的。 * 解釋這個猜想及其有效的原因。	* 你如何讓別人相信你的猜想總是正確的？ * 為什麼是這樣？
分享和修改	* 與他人分享想法。 * 透過與同學的討論修改和完善猜想和論證。 * 包括準確的語言。	* 是否有人有類似的想法或你想補充的內容？ * 有人有不同的想法嗎？ * 我們怎樣才能改寫我們的猜想，使它們更精確？

在探究的數學教學過程中，學生和教師的角色及他們對教／學過程的責任都發生了變化。主要是學生／群體在尋找訊息、估計和猜測、臆測和發現解決方案時必須積極主動。當同儕評量出現時，學生必須嘗試理解他人的解決方案，評論他們並提供回饋。教師的角色是為此創造適當的條件。他們必須創造一個鼓勵合作的環境，引導學生，支持他們尋找未知的解決方法，並提出問題，例如「為什麼？」、「你會如何解釋？」、「真的如此嗎？」和「可以做你知道的任何類似的問題／任務嗎？」。教師必須積極主動，支持學生的努力，讚揚學生的貢獻（包括對學生犯的錯誤給予回饋），並且必須幫助他們的學生根據自己的獨立發現和解釋。

三 探究是一個持續學習的循環

探究的數學教學通常會被組織形成一個探究循環，探究週期的呈現方式通常暗示了一個有序的階段序列。Dewey（1933）概述了探究學習的幾個重要方面，例如定義問題、提出假設和進行測試。像科學探究一樣，數學探究從一個問題開始，透過觀察和探索尋求答案，進行心智、物質或虛擬實驗，與提供有趣的相似之處並且已經回答的問題進行連接，已知的數學技術將發揮作用並在必要時進行調整。這個查詢過程由假設的答案（通常稱為猜測）引導或導致，這些答案經過驗證而確定。數學活動的序列可以透過鼓勵學生激發學生的數學問題來支持持續的探究。課程活動可以為學生提供探究數學思想的機會，學生在進行實驗、制定戰略、建模、製作和測試時透過提問和回答來追求數學理解猜想。不幸的是，在數學教室中常出現「沉悶」（dull）的體驗，沉默是金似乎變成了典型的現象，學生沉寂於計算出答案，亟欲「快、狠、準」地完成教師交付的作業，殊不知學生有其解題思維與不同的策略，若有機會交流分享，定能激發學習的動機與回應。

幾十年來，一直在討論和辯論過分強調主題事實或標準正確答案的數學議題，會減少思考空間和培養對數學推理的態度的信念。Minner 等人

（2010）引用了 NRC（2000）一些研究論文中的描述，作為對理解當前學校為何需要執行探究的數學教學，提出了說明：

1. 學生的學習會被科學導向的問題所吸引。
2. 學生優先考慮證據的產出時，會促使他們發展和評量針對科學導向問題的解釋。
3. 學生根據證據制定解釋，以解決科學導向的問題，尤其是那些反映科學理解的解釋。
4. 學生可經由同儕及師生之間的交流並論證他們提出的解釋。

　　為了促進學生最好的成就，數學教師需要理解和實施有效的數學教學，包括投入時間來解釋、建模、練習和省思基本的識字技能——閱讀、寫作、口語、聽力和詞彙嵌入標準的數學學習，特別是識字——有能力改變生活。簡單地說，數學素養是創造和傳達意義的能力。隨著探究的發展，積極的教學和學習方法、建構主義，以及學生應該對自己的學習有更多控制權和承擔更多責任的想法得到了發展。

第三節　探究的數學教學路徑

　　探究的數學教學都集中在一個特定的學習目標，並在小型的課程活動中進行。在數學探究教學中，大量的工作時間應該專注於要求學生在認知上深入的協作任務，引出他們的數學思維。教師在小型的課程活動中為學生做好教學準備，對思維和問題解決進行建模並鼓勵其說明和應用。數學探究教學若能為學生提供充足的工作時間，從而鼓勵其參與豐富的問題並探索各種數學表徵的連結，分享和討論表徵的呈現，在不同的解題方法之間建立聯繫，就能發展概念理解。探究的數學教學專注於透過讓學習者參與提升關鍵數學概念的任務，來發展概念的理解。在探究教學內建立的概念理解，可以透過旨在促進程序流暢性的後續或家庭作業來增強。

壹、數學探究教學的內涵與架構

　　Pedaste 等人（2015）創建了一個包含幾個一般及幾個子階段探索的內容架構。包含了：

（一）定向

　　以定位、介紹主題或理論啟動了探究的週期，隨後是學習挑戰、錨點、找到自己的主題，積極參與；學習者探索科學導向的問題，也包括了一個中間的過程，即對行為的簡單觀察或探索，所有這些活動都屬於「定向」一詞，因為它們的目的是讓學習者開始一個新的探索主題。學生必須探索或觀察事件或問題的一種現象或是差異，才能對其產生興趣，閱讀一些理論才能了解與該特定現象相關的科學導向問題，並透過具有挑戰性的定位點，讓他或她自己參與到這個問題中。

（二）提問

　　探索的週期繼續（或在某些文章中開始）深入探究更具體的科學問題，這些問題可能是特定的研究問題或關於特定領域的更開放的問題。這個過程常使用以下術語對其進行了描述：提問、問問題、提出問題、開始探究問題、產生科學問題、建立探究的問題、提出和修改問題、確定自己的探究問題或假設、意圖。這些術語顯示了數學探索教學的第二個探索階段的重要行為是「提問」。

（三）假設生成 ── 概念化

　　假設生成作為第三階段被引入臨時探索週期，常見透過以下的術語介紹它：預測、做出預測、假設、假設生成、設置假設、假設想法、腦力激盪解決方案、生成可檢驗的假設。這些行動都顯示在學習者可以開始計畫探索或探索之前需要有一個假設或預測，還確定了三個略有不同的中間過程，它們有助於從提問轉向假設生成。其中第一個是透過諸如確定需要

知道什麼、定義問題、識別問題、識別一個或多個問題等的短語來描述。這些過程可能與前一階段的提問有關。類似地，其他兩個過程可能與假設生成過程相關，因為這些過程描述了蒐集訊息以形成假設所需的過程。不同的研究者透過以下短語描述了這些過程：在網絡上搜索訊息、分析或需求評量，這些過程引導學習者生成假設。總的來說，很明顯在產生假設和提問的過程之間存在重疊。因此，決定探索週期中將提問和假設的生成作為子階段，因為它們可以共同構成一個更普遍的探索階段，稱為「概念化」。

假設生成子階段或一般概念化階段之後是一個獨特的計畫過程，該過程被描述為計畫自己解題的方法、執行計畫、實驗設計、制定行動計畫、設計研究、計畫、計畫問題、設計實驗或設計探索以解決這些問題。另外一個略有不同的過程：設備和行動（根據方法計畫需要什麼）和識別資源。所有這些活動都結合在一個稱為「規劃」的探索活動中，在隨後的分析中，計畫被認為是探索階段的一個子過程，探索階段是編制探索週期中定位和概念化之後的第三個一般探索階段。

(四) 探究

而探究常透過以下術語進行描述：觀察、觀看、蒐集自己的證據、進行觀察、探索、探究、初步觀察。有兩種類型的探究過程需加以區分：探索和實驗。探索被視為探究的一個子階段，與簡單的觀察過程更相關。在這個過程中，學生在沒有明確假設的情況下做出與他們的問題相關的發現。實驗是學生蒐集關於假設的證據的一個子階段；它源自區分探究過程的文章中介紹的想法。探索和實驗都涉及規劃。另外亦可視為探究階段中的活動：想知道、資源、獲取他們選擇的數據以解決問題、符號系統探索、創建、生成。

(五) 數據分析

探索和實驗子階段的規劃過程中涉及的另一個過程是數據蒐集。數據蒐集過程由以下術語表示：研究、記錄和組織數據、蒐集數據、探索、探究、實驗、實施計畫、蒐集和分析數據，蒐集數據。透過幾個術語描述了簡單數據分析後進行的過程，這些術語顯示有助於得出結論的後續活動：組織數據、綜合、生成綜合、數據解釋、整合不同的訊息來回答引發的問題、模型、學習者根據證據制定解釋、轉化。這些涉及更高級數據分析的活動是子階段數據解釋的一部分，因此包括簡單和高級數據分析。數據解釋與探索和實驗子階段一起被視為探索階段的一個子階段，這些過程形成一個連貫的集合，如果數據解釋導致修改實驗計畫或刺激額外的探索，學習者可以在其中前後移動幾次。

數據分析過程是出現頻率最高的過程，使用的術語包括分析和呈現我的證據、評量數據、分析、解釋、分解、發現模式、評量和理解在線訊息、蒐集和解釋數據，學習者在回答問題時優先考慮證據，分析證據，分析數據，檢查和分析經驗數據，分析上述這些數據以識別模式並做出推論。

(六) 結論

在某些情況下，會引入了幾個支持得出結論的額外過程：改進、改進理論、啟動、構建、模型推理、問題解決和開發課程／實驗。結論和討論過程有時會重疊。有時結論是在討論或溝通之後得出的（這個術語經常用於描述討論），但最常見的是，結論是基於探索和分析，然後再與他人溝通。結論階段的特點是使用以下術語：我的結論、發現關係並得出結論、推理、結論、為模式設計解釋或機制、報告、繪製結論、結論／評量、學習者將解釋與科學知識聯繫起來、得出推論和結論並證明它們的合理性、得出結論並據此做出判斷。在這些描述中，結論是一個反覆出現的術語，用於綜合當前以探究學生的學習架構中。

(七) 討論

討論階段透過以下術語進行闡述：討論、辯論、分享和討論自己的探索、與他人討論、溝通新的理解、闡述、溝通結果、爭論、新內容的討論和展示、溝通、學習者溝通和證明解釋、當下探索。在用於描述此過程的術語列表中，討論和溝通都很常見。然而，溝通有時僅表示學生將他／她的結論傳達給其他人的單向過程，但討論始終被視爲更廣泛的雙向過程。

對探究階段的描述和定義的分析導致了一個新的探究的學習架構，該架構包括五個一般探究階段（見表 2-2）：定位、概念化、探究、結論和討論，與教師當前對探究的學習的理解兼容，並有助於根據該架構構建教學學習者的過程。

(一) 定位

定位的重點是激發對手頭問題的興趣和好奇心。在此階段，學習主題由環境引入或由教師給出或由學習者定義。領域的主要變量在定位階段確定，其結果是問題陳述。

(二) 概念化

概念化是理解屬於所述問題的一個或多個概念的過程。它分爲兩個子階段，提問和假設生成。這些子階段產生相似但可區分的結果：提問得出研究問題或關於某個領域的更多開放性問題，而假設生成得出可檢驗的假設。這兩者都基於理論論證並包含自變量和依變量，但有一個關鍵區別——假設中給出的變量之間關係的假設方向在研究問題的情況下不存在。一般而言，假設是陳述或一組陳述的表述，而提問是可探索問題的表述。因此，概念化階段的結果是研究問題或要探索的假設，或者如果首先制定研究問題然後根據這些問題生成假設。

⤴ 表 2-2

探究教學架構的階段和子階段之綜合

一般的階段	定義	次階段	2 定義
定位 （Orientation）	透過問題陳述激發對某個主題的好奇心並解決學習挑戰的過程。		
概念化 （Conceptualization）	陳述基於理論的問題和／或假設的過程。	提問（Questioning）	根據陳述的問題生成研究問題的過程。
		假設生成（Hypothesis Generation）	生成關於所述問題的假設的過程。
探究 （Investigation）	計畫探索或實驗，根據實驗設計或探索蒐集和分析數據的過程。	探索（Exploration）實驗 （Experimentation）	基於研究問題的系統和有計畫的數據生成過程。設計和進行實驗以檢驗假設的過程。
		數據解釋 （Data Interpretation）	從蒐集的數據中獲取意義並綜合新知識的過程。
結論 （Conclusion）	從數據中得出結論的過程。將基於數據的推論與假設或研究問題進行比較。		
討論（Discussion）	透過與他人溝通和／或透過參與省思活動來控制整個學習過程或其階段，來呈現特定階段或整個探究週期的發現的過程。	溝通 （Communication） 省思（Reflection）	向其他人（同齡人、教師）展示探究階段或整個探究週期的結果並蒐集他們的反饋的過程。與他人討論。描述、批判、評價和討論整個探究週期或特定階段的過程。內心議論。

(三) 探究

探究是將好奇心轉化為行動以回應既定研究問題或假設的階段。探究的子階段是探索、實驗和數據解釋。學生透過改變變量的值來探索／觀察、設計不同的實驗、做出預測和解釋結果。一般而言，探索是一種進行探究的系統方法，旨在發現所涉及變量之間的關係。在這種情況下，無需陳述假設，但仍需要仔細規劃以節省資源（例如：時間、材料、金錢）。然而，實驗的重點是制定和應用具有特定時間表的實驗戰略計畫，它自然會從假設生成階段開始。在這種情況下，將蒐集用於檢驗假設的證據，並且在計畫實驗時，應定義在進行實驗時保持不變或變化的變量。探索和實驗都涉及探究活動的設計和實施，中間結果是探索或實驗的設計或計畫。例如：如果領域需要使用特定的設備或材料，則材料和設備的選擇是探索或實驗階段開發的設計的一部分。在探索和實驗期間將蒐集數據。數據解釋子階段的重點是從蒐集的數據和新知識的綜合中獲得意義。探索階段的最終結果是對數據的解釋（變量之間關係的公式），這將允許返回到原始研究問題或假設並就所問或假設得出結論。

(四) 結論

結論是陳述研究基本結論的階段。在此階段，學習者解決他們最初的研究問題或假設，並考慮研究結果是否回答或支持這些問題。它可能會導致新的理論見解。結論階段的結果是關於基於探究的學習結果的最終結論，是對研究問題或假設的回應。

(五) 討論

討論包含溝通和省思的子階段。溝通可以視為一個外部過程，在這個過程中，學生向他人展示和溝通他們的發現和結論，並從他人那裡獲得反饋和評論，有時還會傾聽他人的意見並闡明自己的理解。省思被定義為省思學習者頭腦中任何事情的過程，例如：在為新的探究週期提出新問題

的同時，對探究過程或週期的成功進行省思，並建議如何改進基於探究的學習過程。它主要被視為一個內部過程（我做了什麼？我為什麼這樣做？我做得好嗎？在類似情況下還有哪些其他選擇？）。在此過程中，角色扮演、寫日記或敘述以及引導性問題等多種活動可以區分為對此的支持，這些可以幫助學生的省思達到具體的質量水平：描述、論證、批評和討論。因此，省思通常更側重於探究的學習過程和對該過程的領域相關結果的溝通。兩個討論子階段都可以看作發生在兩個可能的層次上：(1) 在基於探究的學習結束時溝通或省思整個過程；或 (2) 與週期中的單個階段相關。

貳、探究的數學教學架構

以上所提出的探究階段和子階段及其定義的概述，可以總結發展探究的數學教學架構（見圖 2-2）。

圖 2-2 中的箭頭展示了透過架構的不同路徑。儘管週期通常從定位開始，但它顯示了可以遵循的路徑的靈活性。沿著箭頭可以追蹤三個可能的探索週期：

a：定位－提問－探索－數據解釋（在循環中回到提問的可能性）－結論；

b：定位－假設生成－實驗－數據解釋（循環中有可能回到假設生成）－結論；

c：定位－提問－假設生成－實驗－數據解釋（在循環中返回提問或假設生成的可能性）－結論。

透過將架構與以設計為主的研究聯繫起來，可以創造更大的靈活性。在這種情況下，研究可以從概念化階段開始，並在概念化階段和探索階段之間有幾個短週期。然而，探索階段不應該測試正在開發的模型或理論，而是測試理論／模型應該工作的自然環境的不同特徵。在蒐集背景訊息後，學習者（或研究人員）可以回到概念化階段來測試頭腦中的模型／理論。如果在多次循環後概念測試成功，則可以測試理論或模型本身。

圖 2-2
探究的數學教學的架構

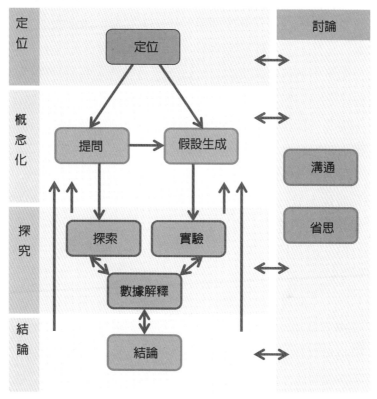

　　討論階段可以看作是探究的週期中可選的一組過程，探究的數學教學成果，通常可以在沒有任何溝通或省思的情況下獲得。然而，整個探究的數學教學的質量及其相關的學習收穫，可能取決於每個探究的階段和／或完成所有其他階段後的討論。根據架構，建議從定位開始基於探究的學習過程，學生不僅可以了解要研究的主題，還可以了解要解決的問題。在接下來的步驟中，學生有不同的可能性來形成探究的數學教學過程中要研究的關鍵概念：假設驅動法或問題驅動法。如果學生沒有具體的想法，只有探索什麼的總體計畫，他們應該從更開放的問題開始，引導他們探索一種現象（數據驅動方法，路徑 a）。在這種情況下，如果學生從探索階段

或蒐集到的數據中指定、修改或得出新想法，他們將返回概念化階段，但他們也可以直接從探索階段進入數據解釋和結論階段。如果學生對要研究的內容有更具體的、通常基於理論的想法，那麼假設驅動的方法是合適的（路徑 b）。與後者略有不同的是問題驅動的方法，學生有一個問題，他們的下一個目標是蒐集背景訊息，以陳述一個特定的假設作為問題的可能答案（路徑 c）。總而言之，建議可能的途徑如下：

1. 定位—提問—探索—提問—探索—數據解釋—結論（提問和探索之間的循環可以重複多次，但也可以從第一次探索直接轉到資料詮釋；溝通和省思可以添加到每個階段）。

2. 定位—假設生成—實驗—數據解釋—假設生成—實驗—數據解釋—結論（假設生成—實驗—數據解釋之間的循環可以重複多次，但也可以直接從第一個開始移動數據解釋到結論；溝通和省思可以添加到每個階段）。

3. 定位—提問—假設生成—實驗—數據解釋—（提問）假設生成—實驗—數據解釋—結論（假設生成—實驗—數據解釋之間的循環可以重複多次，但也可以移動直接從第一個數據解釋到結論；在數據解釋之後可能需要修改問題，但更多時候只修改假設；溝通和省思可以添加到每個階段）。

　　探索階段的路徑主要取決於概念化階段採取的行動。提問子階段可以先於假設生成和／或探索子階段。在探索和實驗中，規劃是一項重要的活動，可以避免不恰當地使用資源，例如時間、材料和金錢。數據解釋是在蒐集數據的探索或實驗子階段之後的下一步。學生根據探索或實驗子階段中計畫的特定策略和方法分析數據，並對數據進行初步解釋。從數據解釋開始，可以前進到結論階段或回到概念化階段，以修改現有或定義新的問題或假設，這使得基於探究的學習成為一個循環過程。如果在探索或實驗中發現了一些問題，在不改變研究問題或假設的情況下，回過頭來更改某個子階段所制定的計畫或實驗設計可能是個好主意。

這些在結論階段陳述，其中將探索階段的結果與概念化階段的輸出進行比較。如果數據蒐集不如計畫成功（根據數據解釋子階段的發現），學生可以返回概念化階段重新陳述問題或假設，作爲探索的新輸入階段。數據解釋的結果爲學生提供了新的理論知識，供他提出問題或假設，向後移動也可能是爲了反應在解釋過程中從蒐集的數據中產生的新想法。基於探究的學習可以在多個層面上被視爲週期性的，循環的起點可以靈活變化。例如：個體可能從探索一種現象開始，然後轉向概念化以制定有意義的假設。

在基於探究的學習環境中，討論階段是從學習者的角度定義的。溝通和省思兩者都能看作持續的過程，透過與他人分享他們與領域相關的成果和過程相關的想法，幫助學生獲得關於他們學習過程的反饋。這意味著同伴學生、老師等之間的直接溝通。它也可能涉及透過使用省思活動對學生的學習過程進行指導性監控。討論可以視爲支持後設認知的過程或探究學習的調節過程。可以區分兩種類型的省思：

1. 行動中的省思，學生在進行特定階段的活動時評量他們的學習過程，並爲此蒐集特定訊息，同時計畫和監督學習活動；或是
2. 行動後省思，學生在完成整個探究週期後評量他們的學習過程。

在這兩種情況下，學生都使用他們的省思結果來修改在特定階段從事的活動，重新陳述他們的研究問題或作爲新探究週期的輸入。因此，省思對探究階段成功或探究技能提高的影響與省思的質量密切相關。同樣，溝通可以視爲在行動中的溝通，它是探索階段的一部分，也可在探索週期結束時作爲一項單獨的活動執行。

圖 2-2 中提出的探究的數學教學架構廣泛地反映了當代探究學習的觀點。探究的數學教學的早期架構可能忽略了後設認知過程，圖 2-2 中的後設認知過程位於討論階段，探究的數學教學可能主要遵循歸納或演繹推理方法的可能性，在圖 2-2 中透過概念化和探索階段中的各種子階段的使用得到了體現，該架構不限於任何一種方法，圖中連接階段的路徑允許迭代

和循環移動，增加了可能的探索過程實現的範圍。總的來說，該架構匯集了探究的數學教學的核心要素，並將它們以這樣一種方式連接起來，以顯示探索週期的多種實施可以從一個架構中發展出來。

第四節　探究的數學教學模式

　　探究的數學教學的有效性得到了廣泛的實證研究支持，這些研究報告了學生在成就、熱情、自我感和科學技能發展（achievement, enthusiasm, ownership and scientific skills development）方面產出的積極學習成果。大多數現有的工作傾向於報告課堂中探究的結構和過程，但有證據顯示了教師在課堂上實施探究方法時可能面臨的困難。這些包括因課程需求過多、評量程序和實驗室資源的可用性造成的時間限制。這些困難部分是由於模型本身造成的，一些模型會將探究變成由機械方法驅動的一系列任務，這種方法在某些情況下是無益的，最終還會弄巧成拙，也拒絕認為鷹架模型的回應是探究必須完全由學生驅動，完全不受教師支持的說法是站不住腳的。

一　基模是探究的立基

　　探究的數學教學是學生利用現有知識和探究技能來發現和內化新知識和解決問題的最佳方式。這種方法讓學生更好地掌控自己的學習，並能夠積極地探索途徑，以增加理解力、增強動力、改善對科學事業的態度、增強自尊及在日益複雜的世界中處理新數據的能力。然而，許多現有的探究的科學教育方法，無法充分利用探究的全部力量，雖然它們可能是目前可用於學習的最佳策略，但需要轉向下一個更複雜的模型以獲得更多收益。

從互動中擴展探索

儘管圍繞探究的正式定義存在混淆，但透過探究的數學教學的大量證據，支持教師透過與環境中的物體互動和解決問題，來幫助學生重建知識的觀點。支持者聲稱，它加深了學生對科學本質的理解，培養了批判性和高階思維技能，並促進了自主學習。然而，其他作者質疑探究的有效性，聲稱許多最低限度引導的探究學習經驗不起作用（Kirschner et al., 2010）或探究模型過於有限，圍繞著廣泛的實際工作，而忽略了科學努力的財富、力量和複雜性。

探究的教學具有彈性

在過去幾年中，探究觸及許多教育工作者所認為的良好科學教育的核心。然而，教師很可能不會簡單地為學生提供完全由教師主導的理論闡述或完全開放的探究，而是尋求更實用的選擇，考慮到內容豐富的探究需充實的時間配合，即使當教師明確聲稱使用探究作為他們的主要教學策略時，也存在著以學生為主如何控制其表現的細微差別。最低級別的學生控制是確認或驗證活動（這些通常根本不被視為探究），結構化探究提供更多自由和指導性探究。只有開放式探究才能讓學生有機會針對自己選擇的主題設計和開展自己的探究，並參考自己的科學知識對其進行解釋。

探究的教學模式具有層次性

表 2-3 顯示了三種典型探究模型的基本組成部分——開放式、引導式和結構化，對不同層次的探究進行了詳細描述（Zion & Sadeh, 2007）。

🗘 表 2-3

探究模型的基本組成部分 —— 開放式、引導式和結構化

探究的提升	探究技巧的領域				
層次	1.數學導向的問題	2.證據的優先性	3.從證據進行解釋	4.與知識連結的解釋	5.溝通和論證
3.開放式的探究	由學生佈題	學生決定須建構和蒐集的證據為何	學生經由總結證據後，形成解釋	學生獨自檢驗其他資源，並與解釋進行連結	學生對於解釋的溝通形成合理與邏輯的論證
2.引導式的探究	學生從問題中進行選擇、佈新的問題	學生直接蒐集特定的資料	學生從證據中引導成形成解釋的步驟	學生直接朝向數學知識的領域和來源	學生以溝通發展為重點
1.結構式的探究	學生藉由教師、材料或其他資源所提供的問題進行形塑和釐清	給予學生資料並要求分析	學生給予使用證據以形成解釋的可能方式	學生給予可能的連結	提供學生廣泛的引導以使用形成的溝通
0.服從與確定	學生透過教師、材料和其他資源參與所提供的問題	給予學生資料並告知如何分析	提供學生證據	提供學生精細的連結	針對溝通給予步驟和流程

　　探究教學的模型非常複雜，它並不總是從一個適合簡單實驗室實驗的明確科學問題開始。它可以從興趣、預感、另一方定義的問題開始，甚至可以是新設備的到來或新觀測技術的開發。雖然有一些程序對於專業科學家實踐的科學是常見的，但在探究開始時並不是所有的程序都被明確定義，而且研究科學家的大部分工作是改進和開發他們的程序、方法和設備。除此之外，結果往往是試探性的告訴我們產生它們的過程，以及我們可能想要回答的潛在問題或我們正在檢驗的假設。最後，對這些結果的解釋遠不止簡單地回答最初的研究問題。

五 探究教學模式的重要性

　　將一個雜亂、複雜和動態的過程（有許多曲折、轉向和逆轉）組織成一個整潔、簡單的獨立過程序列是很有吸引力的。模式代表了一種更完整的探究模式，它拒絕成為僅僅是一個鷹架，而是促進學生的概念和策略思維。探究的數學教學模式是種系統化的結構，其內涵包含了三大層面的資源：

- 層面 1─知識體系：這為科學家對現象的思考提供訊息，並可以產生問題和建議以供探究。
- 層面 2─證據管理的程序：這些程序確保可靠地生成證據，參考基本觀點和觀察到的數據進行解釋，並適當地傳達證據。
- 層面 3─心理能量：這提供了創造和管理真實探究的能量。

　　上述三個層面具有不同的性質和特點，並不能按簡單的順序方便地相互聯繫。在嚴格的線性意義上，所有這些都是相互關聯的，但僅在它們屬於需要它們存在的系統的範圍內。系統不僅僅是其部分的總和，即使這些部分可能在外部仍然可以識別。被描述為科學的知識體系的定義非常明確，並且與歷史學家或地理學家所熟悉的知識體系截然不同。這既包括解釋現象的科學偉大理論（例如畢氏定理），也包括關於特定情況的可驗證事實（例如三角形的兩邊長的和大於第三邊）。知識體系，包括理論和事實，並且隨著新數據或解釋它的方法的出現而不斷修訂（如圖 2-3）。層面 2 包括在特定情況下可能使用的一系列表徵或工具技能（例如使用尺規作圖、計算機運算）。這些技能的目錄非常廣泛，其中許多用於非常特定的環境。構成層面 2 的其他程序（例如識別和控制變量、仔細運算、假設生成和數據分析）在與知識相關聯時被公認為科學，以區別於其他理解世界的方式。

圖 2-3

數學探究教學模式中的知識體系

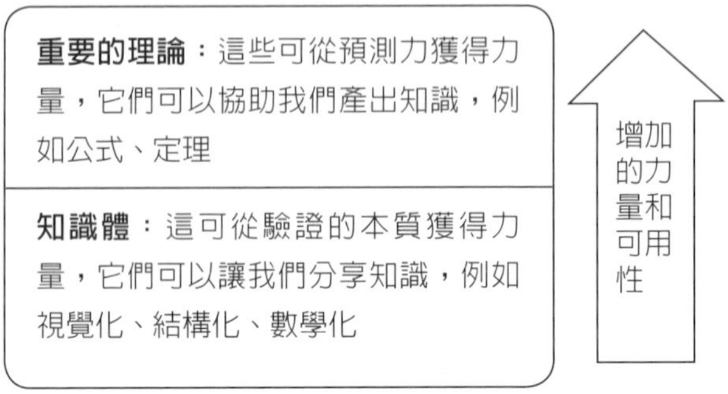

> **重要的理論**：這些可從預測力獲得力量，它們可以協助我們產出知識，例如公式、定理
>
> **知識體**：這可從驗證的本質獲得力量，它們可以讓我們分享知識，例如視覺化、結構化、數學化

增加的力量和可用性

　　層面 2 還包括一系列與探究相關但並非科學獨有的其他使能技能。這些包括溝通和團隊合作能力、組織能力和準確記錄的保存（圖 2-4）。

圖 2-4

數學探究教學模式的管理程序

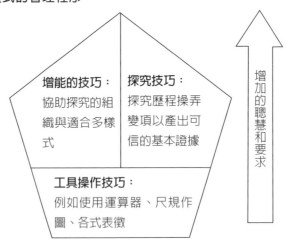

增能的技巧：協助探究的組織與適合多樣式

探究技巧：探究歷程操弄變項以產出可信的基本證據

工具操作技巧：例如使用運算器、尺規作圖、各式表徵

增加的聰慧和要求

　　這些層面試圖將探究者放回到探究中，可將層面 2 的算法程序提升為動態、主動過程的層面，有可能產生新知識。探究是一種臨時的、有目的的結構，由相關的層面 1：知識和有用的層面 2：程序構建，由層面 3：

產生的心理能量驅動。這種心理能量，即進行探究工作的能力是如何產生
的？自決理論（self-determination theory, SDT）（Deci & Ryan, 2012）是
一種有用的看待這個問題的方法，已廣泛用於探索動機。在教育中，動
機通常被認為是一種鼓勵學生從事他們可能不感興趣的工作的方式，從
SDT 的角度來看，動機更好地理解為支持和推動任何活動以及健康自我
發展的力量（Lavigne, Vallerand & Miquelon, 2007）。SDT 不是將動機視
為可以衡量的單一因素，而是透過各種類型的外在動機將內在動機（任務
被認為是個人值得做的）分為多種類型：確定的調節（完成是因為它符合
長期目標，例如從事科學工作以成為可能的醫生）；內攝的調節（任務完
成是因為它似乎是正確的事情，即使它的理由尚未完全被接受，例如：學
生參加科學課，否則他們會感到內疚，因為他們會讓某人失望）和外部監
管，其中動機取決於外部獎勵或避免懲罰（例如：如果你沒有通過考試，
你將不會被允許畢業）。與控制動機（內攝和控制調節）相比，自主支持
動機（內在動機和確定調節）廣泛地影響科學課程工作的持久性（Lavigne
et al., 2007）、成就、認知和情感結果及一系列其他積極的行為。Lavigne
等人（2007）測試了科學教育中堅持的動機模型。科學教師對學生自主
性的支持會積極影響學生對自主性和能力的自我認知。反過來，這些自我
認知對學生參與科學教育的自主動機及其成就水平產生積極影響。簡而言
之，最自我決定的動機似乎是內在動機（Deci & Ryan, 2012）。

為了產生這種內在動機，SDT 確定了三種基本的心理需求：

- 自主
- 勝任感
- 與重要他人的關聯性

當這需求得到滿足時，內在動機可以發展，但在它們受到某種程度的
阻礙時，動機會減少或從有用的內在動機轉變為效率較低的外部調節。

六 從三個層面構建探究

第三層面的操作化意味著探究者將所有三個層面的方面組織在一起，以創建一個臨時的、動態的認知對象，只要探究進行，該對象就存在並有意義。因此，使三個層面構建探究成為現實，需要學生利用所有層面有目的地選擇和使用知識、技能和心理能量（動機）以確保探究保持可行。正如他們從層面 1 選擇知識項一樣，他們將從層面 2 選擇特定程序，並使用層面 3 的能量開發動態的臨時複合體。圖 2-5 顯示了三個層面構建探究模型。

圖 2-5
數學探究教學模式中的 3D 心理能量

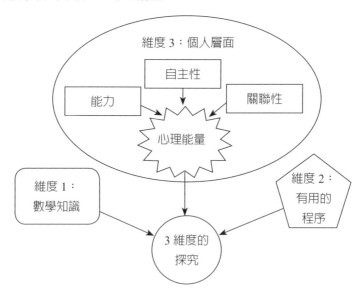

上述模型認識到並需要積極整合三個層面，我們認為這比簡單地遵循一個程序（即使是學生設計的程序）更有可能促進對任務、過程和新知識的省思。非常重要的是，三個層面構建模型將學生作為探究過程中的能動者，因此應該有更多機會鼓勵對科學和個人成長採取更積極的態度。學生

自主學習在那些支持學校科學探究方法的人中得到強烈提倡，並且被認為對於培養科學的價值感和對科學研究和職業的積極態度至關重要。

在爭論三個層面構建探究模型時，兩個主要的障礙會阻止其更廣泛地傳播：(1) 教育政策；和 (2) 傳統的學校文化。不幸的是，對高風險評量的強調已經將許多實際的課堂探究，扭曲為在高度結構化的評量模型中生成分數的機制。學生接受訓練以進行預先設計的探究，確保他們符合評分方案的要求。例如：常用的資格認證中，像是考試，學生需要陳述一個明確的假設（1 分），識別變量（1 分），對準確性發表評論（1 分），並且在理想的情況下，產生量化的數據是易於繪製圖形或圖表。對於質性數據的探究而言，通常是無法獲得這些分數，即使學生的工作質量堪稱典範。傳統的學生和教師角色也可能存在問題，Nuthall（2005）指出，固定模式可能源於課堂學習中的儀式化慣例，通常源於難以管理具有不同需求和學習風格的大量學生而採取的控制模式。

必須承認教師和學生可能很難從這些更傳統的教學模式轉向為更開放的探究方法。另外，還需意識到，尋求支持課堂探究工作的教師可能會簡單地聲稱他們只是在實踐良好的教學，三個層面構建模型只是對此的另一種描述。雖然有一個廣泛的、令人鼓舞的、著眼於 SDT 和教育的工作目錄，但這種激勵方法的全部力量並沒有在探究的背景下得到使用。教育中許多探究工作的支持系統和方法明確指出它們旨在提高動機，但是，將探究減少為一系列更小、更簡單的步驟似乎孤立了學生，減少了自主支持，進而減少了內在動機。由於自主性是 SDT 的一個核心特徵，任何降低自主性學習的東西，往往會減少探究的機會和性能，而不是用其他的模型就能代替它。

第三章

數學素養的評量

　　數學素養是學生在特定的情況下，針對特定類型的數學挑戰採取適當行動的洞察力所進行的準備、理解現象、設定關係或機制，或採取立場做出決定，對特定類型的數學加以活化的一種行動。雖然素養涉及活化知識和能力，來應對情況或背景的各種挑戰，但數學素養側重於活化相關的數學來應對實際上可能需要的特定挑戰，以回答問題、解決問題。數學素養教學本質上是複雜的、情境化和活躍的，為了因應這種變動帶來的挑戰，且能有效地促進學生學習，獲得正確客觀的結果，Black 與 Wiliam（2010）認為改善學生學習的成果必須有策略，其中，實施這些策略最佳的應用方式即是所謂的形成性評量，教師若能在課堂上以探究為主的數學素養教學配合形成性評量相互為用，將能相得益彰，獲得有效的教學效果，並能擴展學生最佳的學習成效。為讓形成性評量成為有效的工具，且讓師生普遍接受與了解，本章節的內容茲從數學素養相關內涵的評量，闡述數學評量與素養內涵的關係；其次，探討形成性評量的實施與相關議題，以掌握形成性評量實施時應注意的要點與細節，以便架構形成性評量的策略與歷程，做出客觀之課堂評量。

第一節　數學素養內涵的評量

　　Niss 與 Højgaard（2019）定義數學素養是學生有洞察力的準備，能夠採取適當的行動來應對與特定情況有關的各種數學挑戰。雖然數學素養涉及活化數學來應對情況或背景的各種挑戰，然而學生所面對的環境複雜，所需解決問題與挑戰的數學素養不同，工欲善其事、必先利其器，首先，須清楚要評量學生具備何種數學素養，這些數學素養包含哪些內涵呢？如何評量呢？以下將分段加以敘述。

壹、數學素養評量的内涵

　　數學教學與評量活動的首要目的，是在評估課堂數學提出和回答的問題。Niss 與 Højgaard（2019）認為有效提出和回答數學問題的素養是由四個不同的內容組成部分：基本的數學思維、提出和解決數學問題、處理數學模型和建模、進行數學推理。茲說明其內涵如下：

(一) 數學思維：從事數學探究

　　這種素養涉及能夠關聯並提出具數學特徵的通用問題，並與此類問題預期答案的性質相互做關聯。它還涉及到不同上下文中數學概念或術語的不同範圍，以及區別數學陳述的不同類型和作用、案例和猜想，並了解邏輯連接詞和量詞在此類陳述中的作用，無論是命題還是稱謂詞。最後，探究的歷程可以提出概念和理論的抽象及主張（包括定理和公式）作為數學活動的一般話語。

(二) 數學問題處理：提出和解決數學問題

　　此素養涉及能夠提出（即識別、描述、指定和公式化）並解決各種數學領域內和跨領域的不同類型的數學問題，以及能夠批判性地分析和評量自己和他人的數學問題，嘗試問題的解決方案。這種素養的一個關鍵方面是設計和實施解決數學問題的策略。「問題」的概念本質在於，它需要的不僅僅是立即採用問題解決者慣用的途徑、方法和程序。數學問題有時對個人來說可能是一項標準任務，因此問題的概念是與試圖解決問題的人的認知能力相關的。素養側重的數學問題，即使在某些數學領域中提出的問題，可能是由數學之外的需求或領域（即透過數學建模）引起的。然而，這種素養僅涵蓋數學實例中的問題，從數學外的上下文和情況生成數學問題的過程，常置於建模素養之下。解決在數學環境外出現的問題，在真正解決問題活動前，數學問題的實際表述有時已經完成，稱為「應用數學問題解決」。

(三) 數學建模：分析和構建數學之外的背景和情況的模型

此素養側重於數學模型和建模，即運用數學來處理數學之外的問題、背景和情況。能夠構建此類數學模型，以及批判性地分析和評量現有或提出的模型，同時考慮建模的非數學領域的目的、數據、事實、特徵和屬性。它涉及與各種表現形式的「建模週期」的關鍵過程進行關聯，並在其內部和之間進行導航。根據定義，處理僅以形式方式引用數學外上下文的情況，而不需要關注數學外的特徵，這種問題處理才被視為建模素養的一部分。

(四) 數學推理：評量和證明數學主張的合理性

數學推理素養的核心是分析或產生以口頭或書面形式提出的論證（即由推論鏈接的陳述鏈），以證明數學主張的合理性。這種素養既涉及建設性地提供數學主張的論證，又涉及批判性地分析和評量現有或擬議的論證嘗試。該素養涉及各種形式的論證，從審查或提供啟發和局部演繹的示例（或反例）到基於某些公理的邏輯演繹的嚴格證明。與數學思維素養相反，推理素養涉及分析和執行旨在為數學主張提供理由的特定推理的素養。雖然這種推理確實大量使用了邏輯，但它還暗示了數學實質，遠遠超出了邏輯。需要強調的是，該素養所涉及的主張種類並不侷限於「定理」或「公式」，而是包括透過數學方法和推論得出的各種結論，以及問題的解決方案。

Niss 與 Højgaard（2019）認為進行數學活動的素養還涉及掌握數學語言、結構和工具，同樣具有四個不同的組成部分：處理數學表徵、處理數學符號和形式主義、進行數學交流、處理材料數學輔助工具。

(一) 處理數學實體的不同表徵

這種素養包括對數學的物件、現象、關係、過程的各種表徵形式（例

如語言、材料、符號、表格、圖形、圖表或視覺）進行解釋、翻譯和移動的素養。在處理數學情況和任務時，能慎思地選擇和使用一種或多種此類表徵的素養。這種素養還關聯到特定環境中所涉及的表徵的範圍和限制（包括優點和缺點）。

(二) 處理數學符號和形式主義

關聯和處理數學符號、符號表達和變換，以及管理它們的規則和理論框架（形式主義），構成了這種素養的關鍵組成部分，與解碼和解釋符號、表達和轉換的實例，及已經存在的形式主義有關，側重於在處理數學上下文和情況時引入和使用符號和形式主義。

(三) 用數學進行與數學相關的交流

以不同的流派、風格和語域（register）及不同的概念、理論和技術精度的層次，進行書面、口頭、視覺或手勢數學的交流，無論是作爲他人交流的解釋者還是作爲積極的、建設性的溝通者，溝通與交流構成了這一素養的核心。

(四) 處理數學活動的物質和工具

該素養側重於處理數學活動的材料輔助工具，範圍從具體的物理物件和儀器、專門設計的論文和圖表，到旨在表徵和促進數學工作的廣泛數字技術。在數學工作中建設性地使用此類輔助工具的素養，及與自己和他人對此類輔助工具的使用，進行批判性聯繫，構成了這種素養的核心，其中還包括關注可供性及不同數學輔助工具的侷限性，並在此基礎上進行選擇。

由上述 Niss 與 Højgaard（2019）對於數學素養的定義與內涵，可以了解數學素養的評量的技術需要具有動態、變換、溝通、應用與省思的性質，非一般的總結性評量方式可加以測量檢測得出，評量的方式須依賴情

境、語境與動作的詮釋，才足以掌握素養發展與應用的精隨。因此，形成性評量的應用有其必要和適當性。

貳、數學素養與形成性評量的關係

素養可以用在任何背景和層次的數學教育中，作為設計課程、教學和評量的規範手段。透過明確強調整體數學的制訂，關注主題知識和程序技能，以素養為導向的課程、教學和評量的設計可以在做數學和了解數學之間，實現更好的平衡。

1. 就課程的結構和組織，素養可以作為一種分析手段來描述和表徵在數學教育的特定部分中實際追求素養的事態，無論是關注課程、教學、評量、教科書和其他材料、模式。

2. 素養可以進一步用作比較數學教育系統不同部分的事態的手段，包括從一個部分到另一個部分的過渡問題。

3. 素養也可以作為一種診斷手段，用於設計方法來發現和表徵學生數學學習的關鍵要素，例如素養的擁有和發展，並發現數學特定的學習困難。

教師可以利用這些素養來安排、計畫、實施、監控和評量自己的教學，包括短期和長期的學生活動和作業。

在這種背景下，設計評量學生素養的工具是一項重大任務。學生學習數學可以將這些素養作為一種後設認知支持，透過評量其素養擁有的狀態和發展，監控自己的學習活動及其結果。

1. 從教學實踐的角度加以審查，形成性評量為學生提供了有關其學習的即時回饋，使回饋更加有意義。

2. 除了向學生提供有關其學習的訊息外，形成性評量實踐還使學生對自己的學習承擔更多責任。在書寫具體的書面回饋而不是成績的同時，學生「應該表現出色或努力」，他們想知道如何做得更好以及在哪裡可

以改進，因爲他們得到了針對他們需要做什麼以提高他們的理解力的集中回饋。

3. 在給學生回饋和透過形成性測驗重新審視概念的機會：形成性評量不僅對學生的學習具有形成性，而且對教師的教學也具有形成性，如果學生沒有理解，也許需要複習一下或複習某些內容，也許解釋不力或他們沒有進行必要的練習，所以會提前知道，這是在測驗前最好進行的工作，這對全班有幫助，對老師也有幫助。

參、實施形成性評量的挑戰

儘管在教學中突出了形成性評量的好處，但將形成性評量整合到數學素養的實踐中也帶來了一些挑戰。形成性評量實施的阻礙包含以下幾個現象：

一 師資參差不齊

一些教師常忽略了貧困中或學習有困難之學生，這些學生成就表現低落的現象，可能是因爲其家庭背景較弱、經驗較少的原因所造成，這些問題須教師加以體認和運用體制外之策施加以改善。

二 教學實踐

傳統課程易側重死記硬背的技能與程序，較少關注有意義的學習。教師需花費額外時間與精力整合學生所需與高認知作業的材料設計。

三 成績期望迷思

學校在無意間因成績績效的要求，限制了學生參與的成就，低成就學生常面臨狹隘且破碎的課程，學習認知低弱的學生的能力也常被低估，導致學生學習挑戰性的機會很少，分散式的努力又強化了低期望，結果又掉

入低成就循環。

四 難以甩脫的標籤

當學生的學習受到抑制，或被安排在低層次、低成就的組別，很可能到畢業前都無法擺脫這個學習分類。應取消低層次課程，提供個別化教學，確保學生都能達到自己能力可負荷之最佳表現

另有教師指出，一些學生抵制參加某些形成性評量活動造成的阻力。老師們理解保持平衡的重要性，對於那些喜歡自己工作，和喜歡進行數學對話並相互學習的學生來說，各種形成性評量策略可以使每位學生都能表達自己的理解，這對形成性評量的有效性至關重要。另外，將形成性評量融入實踐時，準備或思考形成性評量活動的時間是個挑戰，納入某些形成性評量策略可能會花費太長時間，感到時間緊縮。即使教師注意到整合形成性評量活動所帶來的好處，將新策略無縫隙地嵌入實踐中，仍然存在克服的挑戰。開始將形成性評量納入自己的實踐中，可以要求學生在課程結束時，寫下他們在該課程中所學到的「一句話摘要」。這些訊息可以用作第二天課程的介紹：「您從上一堂課中學到的是……」然後，學生意識到關注他們的學習，他們說的話受到尊重，且老師對他們從課堂上獲得的收穫有清晰的認識。當學生回應的提示引起了一些訊息，這些訊息可以使教師了解學生的具體情況時，會很好地發揮作用。

肆、促進形成性評量的作為

因此，教師在執行數學素養的評量時，其歷程皆應對學生的表現抱持著正向的信念和期待（如圖 3-1 所示），並在校園內建立積極正向的社群，彼此提供相互支援與協助，促進學生正向積極態度，勇於接受數學問題的挑戰。

圖 3-1
正向積極的信念和期待

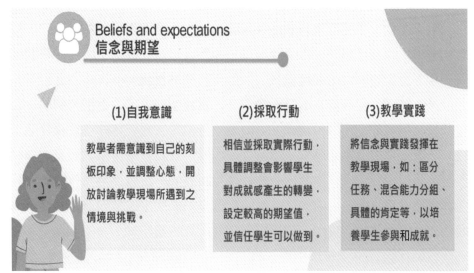

正向信念和期待

1. 各級教育者須堅持信念,相信所有學生都能,且有權學習。
2. 因應學生學習差距調整教學與課程。
3. 設計富有挑戰性的課程,創造激勵學習力的情境。
4. 鼓勵學生在不同程度中努力挑戰自己的最佳表現。

積極正向的社群文化

- 確保學生有參與數學並學習具挑戰性課程的機會。
- 由熟悉學生文化或社群有經驗的教師指導,創造有意義的學習任務。
- 結合團隊合作:特教教師、資優專家、語言學生、社區家庭成員。
- 隨時了解學生學習狀況並調整課程。
- 審查學校政策,確保特定群體或學生次級團體不因社會刻板因素而處於劣勢地位,且進行學生學習安置追蹤、補救、充實及成果審查。

第二節　形成性評量的實施

　　教育不僅要教授學生新技能和知識，還應教會如何發展和應用它。教育的成就比以往任何時候都更加重要，因為各國政府都明白學生的學習成就表現，會影響國力的顯現與發展，因此積極地實施一些作為，期盼可見到成果。雖然在提高學生成績的政策下，實施多種改革的舉措，例如：改變學校結構（如縮小學校規模）、改變學校治理方式（特許或教育實驗學校）、改變學校使用的課程、改革課本內容、升級教學技術。然而，這些改變不見得奏效，因為這些舉措的目標是錯誤的，沒有以提高教師的素質（非學歷）為目的。即便知道教師的素質是提高學生成績的重要因素，但我們如何提高它仍有疑問，這是一個值得探究的議題。

　　教師在教育專業發展上應該關注一些更重要的領域，包括針對運用不同學習方式進行教學的能力，學習如何應用對大腦的了解來改進教學，擴展內容知識以提高教學的成效。研究顯示，造成不同學科、年齡、國家學生成績重大影響的是關於形成性評量的應用。多年來，數學評量產出之結果的客觀性，尤其是國際評量產出學生表現之比較，一直受到各界的重視，各界皆專注於開發強調富有成效的數學實踐的評量，了解教學與課程實施的狀況，希望能充分有效地展現學生學習的成效。

壹、形成性評量的定義

　　在教育系統裡運用的評量大致可區分成兩種：

1. 總結性評量：主要目的是檢驗學生於某階段經由考試或檢測其學習表現的機會，根據學生的知識為他們分配分數，例如期末考試、高中會考或大學入學測驗等考試的方式。

2. 形成性評量：主要目的是在學習歷程中配合教學予以回應，向學生和教師提供關於學生當前狀態的回饋，同時透過機會提高學生對於所學的

理解（Black & Wiliam, 2009; Educational Designer, 2014）。

在中、小學的教育中，形成性評量很流行，它已成為教育現場的共同主題及教師在職培訓的重點。究竟什麼是「形成性評量」？Scriven（1967）首先提出了總結性和形成性評量兩角色之間的區別（Black & Wiliam, 2003; Wiliam & Thompson, 2008）。對於 Scriven 來說，總結性評量提供了判斷教育項目（programme）整體價值的訊息（與某些替代方案相比），而形成性評量的結果旨在促進項目的改進。Bloom（1969）使用相同的術語，做出了類似的區分，形成性評量的目的是「……在教學過程的每一個階段提供回饋和糾正」。

形成性評量背後的基本思想是，使用學生學習的證據以調整教學，而能更好地滿足學生的學習需求，換句話說，使教學適應學生的需求。就像形成性經歷是塑造我們當前自我的那些經歷一樣，形成性評量應該塑造教學。形成性評量可以指一種工具，如診斷測驗、「臨時」評量或教師可以從創建的測驗題庫提取的那些測驗。這種形成性評量通常會產生一個或多個分數，聲稱具有「診斷」的價值，適合具有週期時間特徵的教學評量，而不是日常課程的短期評量。另外，有教育人員認為「……形成性評量不是測驗，而是一個過程……」（Popham, 2008）。在這種觀點下，該過程產生的分數是對學生理解的質性洞察（Shepard, 2008），顯著的特徵是「……當〔結果〕實際用於調整教學以滿足學生的需求」（Black & Wiliam, 1998）。這種適應通常會在課程內或課程之間的短週期內發生（Wiliam & Thompson, 2008），因此 McManus（2008）認為：形成性評量是師生在教學過程中使用的一個過程，它提供教師回饋以調整正進行的教學和學習，提高學生對預期教學成果的實現。

學生學習的證據被引出、解釋後，用於決定如何調整教學，以更好地滿足學生的需求。形成性評量的作用在於關注學生成績的證據被教師、學生或同儕引出、解釋和使用，以決定可能更好或更有根據的下一步教學，而不是在沒有證據的情況下做出決定。實際上，任何類型的評量都可以在

改進有關教學的決策時使用，關鍵重點在於決策。決策是形成性評量的核心，它們是開始進行形成性評量的全部原因。當學校於學期結束向教師提供學生定期測驗和回饋數據時，這些數據往往過於模糊或來得太晚，無法影響教師必須做出的決定。出於這個原因，形成性評量應該從教師需要對教學做出的決定中倒退設計。

　　將形成性評量定義為一種「工具」過於簡單化，因為如果圍繞其使用的過程存在缺陷，即使是最精心構建、科學支持的工具也不太可能在教學上有效。同樣，將形成性評量過於簡單化定義為「過程」，如果在該過程中使用的工具或方法不適合預期目的，即使是最精心構建的過程也不太可能奏效。過程不能以某種方式拯救不合適的儀器，儀器也不能拯救不合適的過程。一個強大的概念化需要仔細關注每個元素，及兩個元素如何協同工作以提供有用的回饋。

貳、形成性評量的策略

　　Wiliam 和 Thompson（2008）借鑑了學習和教學的三個關鍵過程：(1) 確定學生在學習中的位置；(2) 確定他們要去的地方；(3) 確定需要做什麼才能讓他們到達那裡。認為教師須對這三者中的每一個負責，但也有必要考慮到學生自己同儕在其中所扮演的角色。教師負責設計和實施有效的學習環境，學生負責在該環境中的學習。除此之外，由於學習的責任由師生共同承擔，每個人都有責任盡其所能減輕對方任何失敗的影響（用合夥法的語言來說，師生是共同和連帶責任！）。將三個過程與不同的能動者（教師、同儕、學生）交叉，提出了如表 3-1 所示的框架。

↷ 表 3-1

形成性評量的觀點

		他們要去的地方	學生現在的位置	如何到達那裡
教師 同儕 學生	1.	明確和分享學習意圖和成功標準 理解和分享成功的學習意圖和標準 理解成功的學習意圖和標準	2. 設計有效的課堂討論和其他學習任務，引出學生理解的證據 4. 激活學生作為彼此的教學資源 5. 激發學生成為自己學習的主人	3. 提供推動學生前進的回饋

　　老師在課堂上使用的形成性評量策略圍繞著 Wiliam（2011）的《嵌入式形成性評量》（*Embedded Formative Assessment*）一書中提出的五個關鍵策略。這些策略分別是：

1. 闡明、分享和理解學習的意圖和成功的標準，以讓學生知道他們學習的方向和標準是什麼，這樣的學習才算是高品質的工作。

2. 設計有效的課堂討論、活動和學習任務，以引起學生學習的證據，包括提出高品質的問題，這些問題可以使教師根據學生的反應做出有效的教學決策。

3. 提供回饋，推動學習向前發展，引發思考，並將注意力轉移到接下來的事情上，而不是專注於學生在工作上做得如何好或是不好。

4. 激發學生作為彼此的教學資源，迫使學生內化學習意圖和成功標準，以便向同儕提供有效的回饋。

5. 激發學生成為自己學習的所有者，幫助學生使用自我評量和後設認知策略，批判性地省思自己的學習。

　　可以將上述的關鍵策略轉化為以下的行動：

■ 明確化學習的意圖

　　學生若能在課堂上理解要做什麼，且能達成期望的一種方式是老師提

供評量標準，使用這些標準來評量他們在單元結束時的工作。在整個單元中，學生根據這些標準給自己打分，以書面形式解釋該給自己打幾分，並從同儕那裡收到關於這些標準的回饋。透過討論和參與最終評量的標準，學生們會對期望有深刻的理解。研究顯示，對於成績較差的學生，參與討論什麼是高質量的工作，對他們的成績有更大的影響。教師應該確保學生理解在課堂上進行的活動背後的目標，以及什麼才算是高質量的工作。

　　學習目標的重要性在課室的教學內迴響，教師每天的生活中都能感受到。目標應該出現在教師的教案中，教師有義務為學生提供學習目標，但另一些則須學生自己制定。傳統上，教科書對學生學習目標的關注並不那麼重要，教科書的編訂常被認為：

1. 學生學習的內容應該直接反映在要求他們的練習中；
2. 大多數課程的目標屬於程序性質。

　　例如：當要求學生完成有關比例思維的問題時，教師受到以往經驗，常要求學生應該學習如何運用四項比例式立即算出未知數，教師無需再考慮學習的目標或學生是否達到了該目標的問題。但以探究為主的數學教學，其內容材料的設計主張：學生學習的內容與要求他們從事的活動之間的關係並不那麼直接，學生思維主導的能力指標通常體現了更具概念性的目標。明確的學習目標可以透過幫助教師考慮：

1. 利用教學任務和學生學習目標之間的一致性來幫助教師；
2. 數學任務的哪種解決方案策略最有可能揭示學習目標的基礎思想；
3. 課堂討論中可提出哪些問題，支持學生思考學習目標的基礎思想。

二 向學生傳達學習意圖和成功標準

　　以素養標準為主的課程通常體現了更具概念性的目標。學生並沒有面對直接「教」這個概念，而是要求他們從事一項任務或一個小項目的探索，要求思考自己的工作，其目的是「浮出水面」的想法，這些想法在老師精心組織下的討論中被整合為對概念的理解。因此，老師需要在課程之

前花更多的時間來確定他們希望學生脫離課程使用的概念性理解的要素，以及他們如何在課堂活動中的思維與概念之間架起橋梁。

　　向學生傳遞希望他們學習的內容並不是一件簡單的事情。許多教科書會在各單元的扉頁呈現教學目標，但老師常忽略這些目標，甚至於不知其教學的內容與目標有何關聯。不久之後，這些被描述爲「牆紙的目標」對學習的影響就歸爲零。目標可以幫助教師向學生描述希望他們學習什麼，更重要的是透過讓學生有時間思考，並與他人討論這些規則，在實踐中可能意味著什麼，並應用於他們自己的工作——這是對學生最有助於交流學習的工作類型。

　　教師有時會混淆學習目標和學習環境的要求。例如：老師提出對學校裡某一間空閒教室運用的問題，要求學生規劃教室的空間以設計韻律教室的運用。學生三人一組討論解決這個問題，在此活動結束時，教師評量學生是否了解且解決教室空間運用最佳化的目標。教師常會忽略或低估了此活動的學習目標和學習情境條件的限制（學生與學生之間的間隔距離），認爲學生只要利用面積公式算出答案即可，教師也經常將學習意圖與教學活動混淆，如果我們問老師他們打算做什麼，他們常說：「我要讓學生……」，然後他們指定了一項活動程序，然後問學生：「你們從這項活動中學到什麼？」想出一些酷炫的工作讓孩子們去做通常很容易，但是在以探究爲主的數學教學活動中，通常不清楚學生應該學習什麼。以下呈現教師可對學生期待、支持的行動與成功的指標（表 3-2）。

　　表 3-2 呈現的期望與指標可作爲教師教學的資源，並可轉化爲教學歷程可用之措施：

(一) 思考評分的規則：用於特定的還是一般的任務？

　　評分標準是教師與學生分享成功標準的一種方式。教師可以爲一項特定任務設計評分細則（分析性評分規準），也可以使用適用於許多不同作業的通用評分細則（整體性評分規準）。爲了促進轉移——就像前面韻律

⌒ 表 3-2

向學生傳達學習意圖和成功標準

對學生的期望	教師支持學生的行動	成功指標
• 大多數促進推理和解決問題的任務需要時間來解決，面對挫折時堅持不懈是很重要的。	• 明確鼓勵學生堅持不懈；在不消除任務中的所有挑戰的情況下，找到支持學生的方法。	• 學生們在任務中不放棄，當學生「卡住」時，老師支持他們，使學生的思考和推理保持在高水平。
• 正確的解決方案很重要，但解釋和討論如何思考和解決特定任務也很重要。	• 對於解決方法和解釋過程同樣重視。	• 學生解釋他們如何解決任務並為他們的推理提供數學依據。
• 每個人都有責任和義務在他或她不理解的時候透過向同齡人和老師提出問題。	• 讓學生有機會討論和確定策略和解決方案的有效性和適當性。	• 學生質疑和批評同齡人的推理並反思自己的理解。
• 圖表、草圖和動手是用於理解任務的重要工具。	• 讓學生可以使用支持他們思維過程的工具。	• 學生能使用工具來解決沒有工具就無法解決的任務。
• 在任務期間交流想法，可以幫助人在任務上有所進展。	• 不是根據老師對任務的思考，而是根據學生的推理提出問題讓學生解釋他們的想法。	• 教師根據學生的想法提出探究性問題。

教室規劃的例子一樣——最好使用一般的規則進行形成性評量。然後在總結性評量中使用針對特定任務的評分細則，更具體地概述學生必須能夠做什麼。

(二) 思考成功的標準：以結果為中心還是以過程為中心的標準？

以同樣的方式，當你開車旅行時被告知你在正確的道路上是有幫助的

（例如：你將在左邊經過一個加油活動），這些以過程為中心的指南對學生也有幫助，形成性評量為學生提供過程成功標準，以幫助他們實現你期望用於總結性評量的結果成功標準。

（三）思考學習意圖和成功的標準：學生的生活語言還是學術語言？

許多學者提倡採用課程標準作為基本，並以學生生活的語言將其呈現給學生，這種方法肯定有好處。但是，重要的是，讓學生在學習數學學科的過程中能夠理解每一個概念的詞彙和數學語言的定義。

（四）思考所需的實用技巧

幫助學生理解學習意圖和成功標準的具體方法，是讓他們查看其他學生的作業樣本，並討論這些作品的優缺點。

形成性評量被認為是「可能改進教學過程的一種措施」，重點是將形成性評量闡明作為改進教學和學習的過程，而不是某種特定的工具，形成性評量必須是教師在課堂上使用蒐集學生表現與反應的結果所做的正式工作。教師所使用的形成性評量策略可以進一步劃分為「學習的評量」（as assessment for learning）和「評量即學習」（assessment as learning）。「學習的評量」可幫助教師調整其實踐以促進學生學習；「評量即學習」則鼓勵學生省思自己的學習，以便對自己學習時產生的思維或後設認知進行調整。因此，形成性評量涵蓋了「學習的評量」和「評量即學習」的兩個過程。

事實證明，形成性評量策略可以提高學生的學習成績，教師獲得的專業也支持這些策略的實施。許多過程觀的倡導者似乎更喜歡「為學習而評量」，使用「學習評量」來表徵「總結性評量」。然而，從定義的角度來看，這種替代可能存在問題，因為它免除了總結性評量對支持學習的任何責任。除此之外，它也可能導致過度簡化實際上是更複雜的關係。這種關

係更加複雜，因為總結性評量應該實現其主要目的，即記錄學生知道和可以做的事情，如果精心設計，更能成功地滿足、支持學習的次要目的。

第三節　實施形成性評量的議題

形成性評量在實施時需要考量六個相互關聯的議題，分別為：定義的議題、有效性的議題、領域依賴的議題、測量的議題、專業發展的議題和系統的議題。若在實施形成性評量時針對這些議題加以深思熟慮，將能開闊學生在學習上互相幫助的可能性，並使用形成性評量作為計畫學生自主學習的指南。

一、定義的議題（definitional issue）

在評量系統中，總結性的評量除了滿足其主要的目的外，還可以促進學習；而形成性評量通常會增加教師對學生整體成績的非正式判斷（見表 3-3）。形成性評量既不是測驗也不是過程，而是過程和有目的設計的方法或工具的一些深思熟慮的整合。

⤴ 表 3-3

評量目的和測量之間關係的觀點

類型	目的	
	學習評量 （Assessment *Of* Learning）	為學習而評量 （Assessment *For* Learning）
總結性	X	x
形成性	x	X

註：X = 主要目的；x = 次要目的

　　如果不能對一項創新的活動給予清楚地定義，那麼就無法有意義地記錄其有效性。需要評估形成性評量是否能按預期實施，如果不知道應該實施什麼，就無法完成。有意義的形成性評量定義，至少需要考量兩件事：(1) 行動理論和 (2) 具體的實例（a theory of action and a concrete instantiation）。

(一) 行動理論

　　確定「形成性評量」聲稱的是實體的特徵和組成部分，以及每項特徵和組成部分的基本原理；這些特徵和組成部分如何協同工作以產生一些期望的結果。

(二) 具體的實例

　　具體實例則說明了建立在理論基礎上的形成性評量是什麼樣的，以及它如何在眞實環境中發揮作用。

　　行動理論很大程度上是圍繞「一個大理念和五個關鍵策略」而展開，想法是「學生和教師使用證據……來調整教學和學習，以滿足每分鐘和每天的即時學習需求」。這五項關鍵策略是：
1. 分享學習期望（澄清和分享學習意圖和成功的標準）；
2. 提問（設計有效的課堂討論、問題和學習任務，從而引發學習證據）；
3. 回饋；
4. 自我評量（活化學生作爲自己學習的所有者）；
5. 同儕評量（活化學生作爲彼此的教學資源）。
　　這些策略用於指導確定學生在哪裡（例如：透過提問）、他們要去哪裡（透過分享學習期望）及如何讓他們到達那裡（透過回饋）的教學過程（Wiliam & Thompson, 2008）。五個關鍵策略旨在成爲一般的、獨立於場域的策略，這些策略與認知科學理論有聯繫，特別是與透過社會互動

學習有關的領域。「社會文化」理論假設學生透過與他人交流最有效地學習，尤其是精通領域的專家，他們可以模擬定義高級能力的內部標準和思維習慣。分享期望、提問、回饋、自我評量和同儕評量旨在幫助學生為他們的工作制定內部標準、省思並掌握學習的所有權。

二 有效性的議題（effectiveness issue）

如何為形成性評量所做的聲明提高其有效性的質量？第一個步驟應該是在評量證據來源和更加謹慎地對它們的歸屬分類。其次，對形成性評量的含義進行更清晰的定義——包括行動理論和具體實例——這對於幫助抽離出一類要研究和提出主張的事物至關重要。行動理論特別重要，因為沒有它，我們就無法有意義地評量應該引起預期效果的潛在機制。除非了解導致變化的機制，否則我們不會知道這些影響是由這些機制引起的，還是由不相關的因素引起的，也無法預測形成性評量可能適用的條件或人群。

要讓某件事物能夠成為可以「評量」的，在於相關的證據需要被引出來。評量需要仔細的設計情境（或提出問題），以便將引出的證據與領域理解的關鍵組成部分聯繫起來。其次，假設得到的證據是相關的，評量可以從涉及的證據中做出進一步的推論，這些推論涉及學生知道和可以做些什麼，並用於調整未來的教學。做出以證據為主的推論和隨後調整教學之間的區別是至關重要的，因為任何一個步驟的失敗，都會降低形成性評量的有效性。如果形成性評量對學生的推論是錯誤的，那麼調整教學的依據就會被削弱。同樣地，如果推論正確但教學調整不適當，那麼學習也不太可能發生。關注這些機制顯示，要被認為是有效的，形成性評量至少需要兩種類型的論據作為行動理論的一部分：(1) 支持推理和教學調整質量的有效性論據；及 (2) 支持結果的有效性論據。

有效性的論證聲稱學生技能的變化與使用的形成性評量相關，從邏輯上講，形成性評量的有效性論證必須包括有效的資料，有效性論點的支持可能包括與多個領域相關的數據。首先，支持應該包括顯示形成性評量按

預期實施的數據；其次，支持應該包括顯示行動理論規定的其他中間結果已經實現的數據；最後，支持的數據應該包含顯示參與形成性評量的學生在感興趣的結果方面，比那些參與一些替代實踐的學生，在積極方向上的變化更大。

三 領域依賴的議題（domain dependency issue）

為了最大限度地發揮評量的作用，形成性評量需要一般原則、策略和技術與相當深入的認知領域理解的相互作用。這種對認知領域的深刻理解包括對掌握某個領域重要過程、策略和知識的熟練，表徵該領域實踐社群的思維習慣，以及涉及這些後設元素的任務的特徵，還包括幫助學生學習的核心領域知識。領域依賴包含兩個議題：

1. 認知領域理解能力較弱的教師不太可能知道要問學生什麼問題，從學生的表現中尋找什麼，從該表現中對學生知識做出什麼推論，以及採取什麼行動調整教學。

2. 提供給教師的智力工具和儀器可能在一個領域與下一個領域之間存在顯著的差異，所以應該針對所討論的領域進行專門調整。

處理領域依賴議題的一種方法是在特定領域的背景下概念化和實例化形成性評量。任何實例都將包括一個領域的認知模型來指導形成性評量的實質內容，學習進程應以指示掌握認知模型的關鍵元素的步驟，提供學生在這些學習進程方面的證據的任務、適合該領域實質性的技術，以及教師實施的過程，該過程與前面的材料密切相關，因此與相關領域密切相關。形成性評量本質上是嵌入課程的，必須與任何給定的課程有緊密的聯繫。例如：為某個領域的關鍵思想或核心理解提供形成性評量材料可能是可行的，這些材料在課程中應該是通用的。

四 測量的議題（measurement issue）

教育測量的一個基本定義是它涉及四項活動：設計蒐集證據的機會、

蒐集證據、解釋它及根據解釋採取行動。儘管教師評量素養發展的計畫涵蓋了這一領域的大部分內容，但形成性評量文獻對蒐集證據活動的關注太少，特別是圍繞證據聯繫的基本原則——或觀察到的——對它的解釋。這個問題在有效性問題的背景下被觸及，形成性評量不僅僅是引出證據，還包括從該證據中做出推論。形成性評量是一個推理過程，因爲無法確定學生頭腦中存在什麼理解，只能根據從課堂參與、作業、家庭作業和考試成績等觀察到的情況做出推測。如果在多個來源、場合和背景下觀察到學生行爲的合理一致性，那麼對猜想的有效性的支持就更有力了。

當我們考慮錯誤、失誤、誤解和缺乏理解之間的區別時，推理在形成性評量中的地位變得非常清楚。錯誤是我們觀察到學生所做的——期望的反應和學生提供的東西之間存在一些差異。進一步的評量可能涉及要求學生解釋爲什麼他選擇以特定方式回應（從而使學生成爲形成性評量的合作夥伴）；執行更多任務並尋找與假設一致的反應模式；或將錯誤與學生表現的其他例子聯繫起來。在教師擁有領域完善的認知模型的情況下，關於學生理解的假設生成和檢驗變得更加強大。這樣的模型可以幫助指導一個迭代循環，在這個循環中，教師觀察行爲，提出關於錯誤反應原因的假設，進一步探索，並修改最初的假設。

五 專業發展的議題（professional development issue）

許多關於形成性評量的文獻將專業發展概念化爲一種本質上根植於教學知識的活動：即良好教學的過程。形成性評量的教學知識透過以學科爲中心的教師學習社群與領域理解聯繫起來，有意識地嘗試同時發展教學知識、深入的領域理解和測量基礎知識。一個相關的問題是時間，即使我們能找到一種實用的方法來幫助教師培養教學技能、深入的領域理解和測量基礎知識，教師也需要大量的時間將這些知識、技能和理解付諸實踐，例如：學習使用或適應有目的地構建的、基於領域的形成性評量材料。此類材料可能包括項目、綜合任務集、診斷測驗以及觀察和解釋指南。教師也

需要時間來省思他們對這些材料的體驗。如果能讓教師參與使用、省思、適應和最終創造的迭代循環——所有這些都牢牢植根於有意義的認知領域模型——會有一種潛在的機制來幫助教師更好地將形成性評量的過程和方法深入地理解。

六 系統的議題（system issue）

「系統的議題」是指形成性評量存在於更大的教育背景中，如果要在教育學生時有效地發揮這種作用，其組成部分必須是連貫的。Gitomer 和 Duschl（2007）描述了兩種類型的連貫性：內部和外部。當評量元素相互支持時，它們可以被認為是內部連貫的；換言之，形成性評量和總結性評量需要相互協調。這些組成部分還必須具有外部連貫性，即形成性和總結性評量與公認的學習理論，以及具有社會價值的學習成果相一致。當然，外部連貫性也適用於其他系統組成部分，包括職前培訓機構，這些機構必須為教師提供支持和有效使用評量所需的基本技能。

第四節　形成性評量的策略與歷程

考量實施形成性評量六個相互關聯的議題之後，要讓形成性評量搭配數學探究教學，則需了解其執行可用的策略和實施的歷程，以下就其內容加以說明：

壹、形成性評量的策略

形成性評量是情境影響認知的互動，即外部刺激和回饋與學生的內部生產之間的互動。教師向學生提出一項任務，也許是以問題的形式，學生對此做出回應，然後教師根據該回應進行介入。這種基本結構被描述為啟

動一反應一評量或稱爲 I-R-E 模式，教師使用 I-R-E 模式時，要求學生補充教師講解材料時遺漏的單詞或短語：一種擴展的「完形填空」程序。在這種互動中，教師的注意力集中在學生反應的正確性上：可以稱之爲「評量性傾聽」，隨後教師的「動作」旨在透過這種鼓勵性的反應讓學生做出正確的反應。

教師在數學課堂裡可以依據掌握的資源實施四種形成性評量的策略：(1) 形成性測驗、(2) 自我評量、(3) 從事白板工作和 (4) 同儕回饋。茲說明如下：

■一 形成性的測驗

在學習單元的過程進行形成性測驗，測驗的目的是爲學生提供有關如何提高他們對單元概念的理解的回饋。一旦形成性測驗還給學生，學生就有機會彼此合作或提問，以查明他們做錯了什麼，向前邁進，並進行更正，爲了增加他們的理解，需要專注於他們需要做的改進，測驗不是學習的終點，而是學習的延續。形成性的評量活動中有三個關鍵策略：(1) 闡明學習意圖和成功標準；(2) 提供回饋以推動學習向前發展；(3) 激發學生彼此的資源。

■二 自我評量

自我評量的組成部分，可以依據表現而給予三個層次的評量：
• E- 優秀：知道該怎麼做，可以在沒有幫助的情況下準確地做到；
• S- 令人滿意：需要一些指導，否則並不總是很準確；
• L- 限制：不確定從哪裡開始，或者經常遇到困難。

自我評量可納入一堂課，讓學生成組地穿越不同的數學學習活動，學生輪流至各個活動點，完成每項活動，然後爲自己分配 E、S 或 L，知曉對概念的理解程度及可以執行的活動。一旦學生評量自己的能力，他們可以制定計畫，以提高自己的理解或能力。爲學生提供清晰的描述，說明他

們在每項類別中的表現如何，並提供有關學生給自己的評分的回饋，這些
評分提高了他們的自我評量能力。

三 在白板上工作

　　教師使用教室白板進行形成性評量，讓學生以成對或小組的方式進行
解題。提出以下問題來考慮解題：哪裡有相似之處？哪裡有差別？討論結
束時，學生可以選擇繼續研究自己正在研究的證據或開始新的方式。讓學
生在白板上書寫有助於開啟學生的工作，並思考使「做數學」變得不那麼
私密。學生會看看別人在做什麼，然後重新參與他們自己小組的工作。讓
學生從事能夠引起學習證據的任務；在評論他人的工作並明顯看到同學的
工作方式時，活化學生作為彼此的教學資源。

四 同儕回饋

　　許多老師在上課時故意創造機會，讓學生與同儕就工作進行交流，用
多種不同的方式讓學生與班上的其他學生一起檢查理解過程、解決方案和
答案。形成性評量策略是激發學生彼此的教學資源，讓學生互相討論他們
的解決方案，可以使以前從未進行過交流的小組之間進行更多的交流、其
他解釋事物的方式，找到了一種討論對他們有意義的數學的方式。透過讓
學生互相討論數學而發現的另一個好處是「他們比以前更加積極，他們實
際上在做更多的數學運思」。

貳、形成性評量的實施歷程

　　在教室裡，教師可行的形成性評量是以結合探究為主的數學教學進
行，其實施歷程大致分成以下幾個階段：

提供數學解題可用的生活問題或情境

讓學生只使用符號表徵的教育會導致概念上空洞的「類似數學的行為」，這些行為是由對符號表徵不足的片斷理解組成的，但不幸地被教師接受（甚至被誤導的鼓勵）。事實上，對個人視覺空間表徵策略的分析不僅要考慮個人認知發展，還要考慮他們學習的教育背景。在實踐中，這是一個相當大的挑戰。在教育部 2018 年的數學綱要中提及兩種情境：

(一) 情境

學生在理解概念或規律，以及解題應用時，經常需要連結於某經驗脈絡中，既可協助學習，亦有益於日後應用。課程綱要中常用到的情境，一種泛指這些經驗的脈絡特徵，例如：生活情境、具體情境；另一種則指某核心類型的學習經驗，例如：平分情境、測量情境。

(二) 具體情境

學生在學習時，經常需要先有恰當的範例、應用來提示與引導，這些情境泛稱為具體情境（對應於「認識」與「理解」）。在國民小學的第一、二學習階段具體情境與生活情境不做區分。但隨著學生熟習數學概念、表徵（如乘法的排列模型）或較抽象的思考經驗（如數字感），從第三學習階段起，學生學習數學所依賴的具體情境，就不限於生活情境。例如：學生在五、六年級學因數、倍數或質數課題時，最恰當的具體情境，就是學生對整數性質的熟悉，而非日常生活的問題。從第四學習階段起，具體情境甚至包括數學或其他領域的局部理論。

例如：我們可以安排閣樓具有梯形窗戶的情境（圖 3-2），作為學生可以操作的具體實例，讓學生探索若要裝上彩繪玻璃的話該如何解決此問題，透過測量及梯形面積公式獲得所需材料的面積。

圖 3-2
梯形窗戶的情境

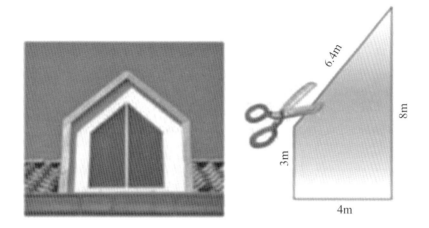

思索解題所需具備的數學相關能力與概念

　　提供情境後，教師根據學習內容之能力指標，將學生應用梯形面積公式解題作為形成性評量的目標，藉由學生先前學過之正方形或長方形面積公式，將梯形圖形透過分、合、移、補的方式，將梯形與矩形公式加以連結並轉換已能運用到情境上解題。在 2018 年的課程綱要中，數學的解題泛指能應用數學概念與程序，解決日常、數學、其他領域的應用問題。解題過程包括了解問題意義、選擇可能之策略、轉換該策略為數學問題、運用數學知識對該數學問題求解、能檢驗與詮釋這個解的意義、判斷是否完成解題之要求等。更進一步之省思、推廣與溝通則不在課程綱要必要要求之列。

三 配合評量方式設計如何誘導與引發學生相關能力或概念的活動

以梯形窗戶此範例作為形成性評量的應用，教師藉由學生產出的行動可由描述性（口語說明想法）、表徵性（呈現圖像）和組織性（整合公式）三個面向進行評量（圖 3-3）；而學生對於形成性評量行動的展現可由具體、圖案、動覺和動態圖像；或戲劇性的、身體的、圖畫的、語言的和象徵性的表現。

圖 3-3
形成性評量的關聯的能力

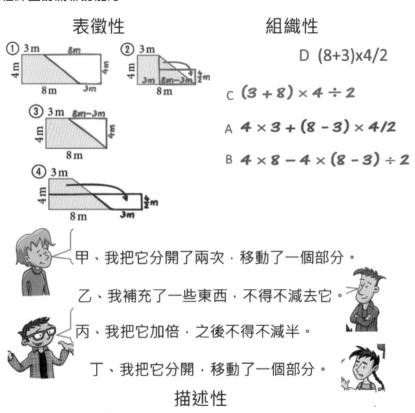

甲、我把它分開了兩次，移動了一個部分。

乙、我補充了一些東西，不得不減去它。

丙、我把它加倍，之後不得不減半。

丁、我把它分開，移動了一個部分。

描述性

對於學生利用視覺空間解題策略質性分析的一般框架，可以從完成的表徵中確定學生學習到的一些數學概念和程序：

1. 媒體：生產手段，例如立方體、筆／紙、手指、屏幕上的像素。
2. 模式：產生意義的手段，例如建模、繪圖、文字、符號。
3. 相似性：繪圖／模型與任務場景的視覺相似性。
4. 空間結構：經由空間分離、儀器的使用、一維或多維對齊等對代表性元素（例如：單位）進行視覺空間組織。
5. 單位可數性（unit countability）：每個表徵的單位（方瓦、長度單位等），可以經由直接的計數來實現枚舉（即以個作為單位計數）。
6. 單獨表徵完整性：學生是否產生一套完整的可觀察的外部表徵元素（一種特殊形式的一致性）。
7. 策略穩健性：在執行過程中沒有出現錯誤，該策略是否會產生正確的解決方案。

四 預測學生可能採用之正確解題方法和策略

表徵類型和關於能力的假設之間的這種關係是循環的：關於適合年齡的算術理解、計算方法和表徵策略的規範層次假設，不僅源自而且回饋到學生屬性的感知，例如成就、教育障礙／能力、抽象或符號推理的個人能力等等。另外也可觀察學生行動中各個解題的表徵策略：

(一) 動作

表徵在創建後是否是靜態的，還是在計算時涉及元素的持續移動。動作一直被認為是視覺空間表徵的一個相關方面，無論是在表達數學概念時對手勢的具體認知，手指作為可數媒體的動態部署，重新排列具體單位分成相等的組配置，或動態虛擬操作。有關動作如何與空間結構和枚舉相關的示例，可考慮學生在繪製、指向或移動單位時進行計數。

(二) 枚舉

如何導出數量，例如：單位計數、步數計數、數字事實檢索。理想情況下應該經由觀察來確定。雖然可能有一些跡象仍然存在，例如：計算的符號，但這些可能會產生誤導，例如學生寫出他們認為是文化預期的內容，實際上以不同的方式得出了他們的答案。

(三) 一致性

是否從頭到尾使用單一的連貫策略，或發生變化的一致性。一致性和完整性一樣，是一個中性的描述詞，而不一致可能是一個積極的信號；雖然可以從完成的表徵中看到空間結構和可以計數性的變化，但教師可能會觀察到學生經由單一計數開始他們的枚舉，然後在中途更改為部分的計數。

(四) 執行錯誤：例如在數字事實檢索、口頭計數序列、手指移動、符號

對於枚舉，類似地，觀察算術表徵策略是如何執行的，可能會提供有關哪些執行錯誤導致正確策略的錯誤答案的重要訊息。

五 評量規準之設置與應用

以下針對梯形面積解題時，設定可用之操作與形成性評量之指標內涵與評分規準（表 3-4；表 3-5）：

☞ 表 3-4
操作指標之內涵與評分規準

一、操作評量內容
1. 能分解與組合物件　□精熟　□通過　□待加強
2. 能將物件安置於空間適宜的位置　□精熟　□通過　□待加強
3. 能利用工具進行實測　□精熟　□通過　□待加強
4. 能進行圖像與表格的繪製和記錄　□精熟　□通過　□待加強
5. 能將幾何物件進行描繪、複製、拼貼、堆疊　□精熟　□通過　□待加強
6. 能將圖形進行分、合、移、補之行動　□精熟　□通過　□待加強

⟳ 表 3-5

使用形成性評量評分規準：察覺（辨識）、形成概念（理解）、連結（熟練）

分數	評分標準
☐ 4 分	評分說明：教學具連結學生探索和理解數學概念、步驟與關係的能力，像是： 1. 做數學：運用複雜和非算則的思考（並非可藉由明確的教學或執行範例所建議的可預測性、複誦的方法或路徑）或 2. 應用連結的步驟：應用廣泛一般性的步驟緊密的連結數學概念，明確暗示學生推理和理解的證據，獲得此分數的行為特徵如下： 　☐ (1) 解決真實挑戰的問題，讓學生的數學推理能顯現在其執行的作業上。 　☐ (2) 針對為何使用公式或步驟發展解釋。 　☐ (3) 以作業的樣式為主，辨識出樣式和做一般化。 　☐ (4) 運用數學證據做臆測和支持結論。 　☐ (5) 做表徵、策略或數學概念與步驟之間明確的連結。 　☐ (6) 遵照前述的步驟解釋和說明數學的概念、步驟和關係。
■ 3 分	評分說明：教學具有將作業與學生的思考做連結的力量，或針對數學概念、步驟與其間的關係創造意義，獲得此分數的行為特徵如下： 　■ (1) 對學生推理和理解的證據未能明確地予以暗示。 　☐ (2) 學生被要求參與做數學或步驟的連結，但教學的內容並不適合學生（認知的要求不是太容易就是太難）。 　☐ (3) 學生必須辨識樣式但是教學並未要求要進行一般化。 　■ (4) 學生要求需能運用多元策略和表徵，但教學並未明確地暗示學生要發展它們之間的連結。 　☐ (5) 要求學生要做臆測，但是教學並未提供相關的數學證據化支持結論的解釋。
☐ 2 分	評分說明：教學限制學生使用特殊步驟，或運用先備教學的資料、經驗或安排的作業，對需要做什麼與如何處理模稜兩可，教學並未要求學生對需要運用的步驟所強調的概念或意義做連結，教學的重點只在 　☐ (1) 只產出正確的答案而非發展數學的理解（例如應用特殊的解題策略、練習算則）。 　☐ (2) 教學並未要求學生參與認知挑戰的作業，作業太容易解決。
☐ 1 分	☐ (1) 教學只限於學生在記憶或複製知識、規則、公式或定義。 　☐ (2) 並未要求教學的學生對需要記憶或複製的知識、規則、公式或定義所強調的意義和概念做連結。
☐ 0 分	☐教學並未具有數學的活動或作業。

六 檢視行動（完整的操作程序）與抽離的目標是否達成（概念的擴展與應用）

教師的評量在以促進學生省思的方式使用時最具有潛力。Golafshani（2013）發現數學教學與評量應該從對學生來說，是真實的體驗開始，並在他們的整個學習過程中充當符號，操作符號是使數學更加真實的重要工具。每間教室都由具有不同理解數學概念能力的學生組成，這意味著教師應該專注於使用多種教學策略，以便所有學生都能理解數學的概念並加以應用解決生活上所面臨的問題。

第四章

課堂評量

在社會互動認知的視角下描述評量的概念，此學派的學者認為應該從多種的來源，包括學生、教師、同儕、文本、情境及技術工具，透過交互式、互惠的過程，共同與學生一起進行調節的學習。課堂評量（Classroom Assessment, CA）可以作為學習和動機共同調節的機制，使師生之間能夠利用評量來支持共同的監管（Allal, 2019; Adie et al., 2018; Andrade & Brookhart, 2019; Panadero et al., 2019）。另外，一些學者也以社會建構主義、教學和學習交易的觀點作為基礎，對於課堂裡學生的學習和評量提出了以下的假設（Pintrich, 2004）：

1. 學生是學習過程的積極參與者。

2. 學生可以調節自己的認知、動機和行為以及環境的某些特徵。

3. 學習也透過與教師、同伴和課程材料的交流而受到他人和共同監管。

4. 監管活動是個人和背景特徵與成就或績效之間的中介。

5. 使用某種類型的目標、準則或標準來評量學習過程的成功。

6. 透過評量進行監管是一種旨在促進學習的刻意控制。

由上述的假設說明可以知道，在課堂裡要進行有效和客觀的評量，需明白它是種複雜和動態的過程，事實上，也是一項具有難度的挑戰。本章節從課堂評量的定義與實施步驟、遵循的規範和策略、教師設計課堂評量、課室討論等議題加以闡述說明，提供綜觀，幫助教師利用資源與策略有效實施課堂評量，正確客觀地評量學生的表現。

第一節　教室裡的課堂評量

課堂評量（CA）是指：在課堂裡，師生蒐集、解釋和使用學習證據的過程，用於各種目的，包括診斷學生的優勢和劣勢、監控學生達到所需熟練程度的進度、分配成績，並向家長提供反饋等。其中使用評量的方法可以是形成性的，例如：監控進度以支持學生的學習；也可用其他評量像

是總結性的，例如：在報告學期結束時的相關成就表現的證明。即使對總
結性評量的使用來說，學生的學習還是課堂活動的核心，因為學校教育最
終的目的是讓學生有效地學習。這種與學習的關係讓課堂評量有別於其他
的一些教育的評價和評量項目，包括對學生教育進度的規範性評量，及對
教育材料和項目的評量。課堂評量的過程需要採用多種證據，包括課堂測
試、短期和長期的評量表現、非正式觀察、與學生對話（課堂談話）、學
生自我和同件評量，以及來自於電腦為主的學習程序的結果證據。與許多
其他教育評量方法相比，課堂評量的方法與學生的教學體驗之間的聯繫更
為緊密。因此，課堂評量可以在學生如何學習的背景下得到最好的理解。
師生可以使用有效的課堂評量來闡明學習的目標，蒐集學生與這些目標相
關的回饋，並及時調整教學，及修訂學生學習的過程和工作的產品。

　　課堂評量主要是以形成性評量作為主軸，即發生在學習過程中的評
量，其目的在於協助教學和學習；並配合總結性評量，即在學習過程之後
發生的評量，以便能順利地對學生的表現進行分類（Heritage, 2018）。
教師熟練使用形成性評量和總結性評量是一種職業的期望，包括理解並能
夠使用多種評量方法來讓學生參與自己的成長，監控學生的進步，並指導
師生的決策。為有效彰顯課堂評量的效用，實施課堂評量時須遵循以下的
步驟：

一 以目標為導向

　　已經有非常多的研究顯示，高品質的課堂評量，尤其是形成性評
量，與學生成績的提高有關（Çakir et al., 2016）。學生在學習過程中接受
評量時，教師可以調整教學，以解決學習缺陷和誤解，以免為時已晚，導
致學生參與學習的積極性下降。若學生能參與評量過程時，他們會感受到
對自己學習的更多控制和更多責任。另外，讓學生幫助確定評判他們作品
的標準，也會給他們一種被賦予權力的感覺，並使他們的作品評量看起來
更少懲罰性，更具建設性。反過來，對自我效能和動機的積極影響可能會

促進學習和成就（Raaijmakers et al., 2019）。

　　高品質的課堂評量的一個關鍵方面，是將評量活動與以學生學習爲重點的目標保持一致（Stiggins & Chappuis, 2008）。學生了解這些學習目標、課堂的學習任務如何與目標相一致，及決定他們相對於目標進展的評量標準至關重要。先前的研究顯示，了解學習目標的學生比不了解學習目標的學生學得更快、更好。良好的形成性評量始於教師和學生合作制定和解釋作業評量的標準，這些標準必須以學生友好的語言清楚地闡明，以便學生可以了解優先的學習事項和期望。除此之外，學習目標應針對具有挑戰性但可達到的層次，以培養學生的積極性（Leahy et al., 2005）。

　　目標可以作爲評量一部分的描述性回饋，被認爲是學生學習的關鍵支持機制（Hattie et al., 2021）。它讓學生了解他們正在做什麼，或已經做了什麼，以及他們將來可能會做什麼，以提高他們的知識和表現。研究顯示，當書面回饋側重於任務的特徵時，學生可以了解如何提高與學習目標相關的表現，更有可能獲得積極的學習成果（Hattie et al., 2021）。這種以任務爲導向的評量，強調幫助學生意識到期望目標與當前知識、理解和技能之間的誤解或差距，幫助指導學生完成實現這些目標的過程；因此，評量後的回饋會引發學生參與自己的學習和評量。以目標訊息爲導向的回饋也會帶來更大的內在動機、任務投入和完成任務的毅力。相較之下，以等第評分、複選標記和非具體且空洞的評論（例如幹得好）、形式的評價回饋，無法幫助學生識別可利用或改進的優勢和劣勢，甚至會削弱其解題的信心、動力和後續學習機會表現（Ibarra-Sáiz et al., 2020）。

貳 設計合宜任務的考量

　　課堂評量是蒐集和解釋證據的過程，確定學生的進步，以便對日常教學中即將採取的行動做出決定。擁有能夠系統地解釋從學生的回答中得出的證據的**鏡頭**將會特別有用，可以更好地了解學生在學習的連續體中的位置，以及可以透過哪些方式增強學生的學習。任務的設計旨在獲取學生在

不同背景有關能力的熟悉程度的訊息，以形成性為目的的課堂評量，常利用日常數學任務來獲取學生學習的證據。

研究顯示，以形成性為目的的課堂評量實踐能提高學生的成績，並導致數學成績的長期提高（Hattie et al., 2021）。特別是，使用評量的數據進行個別化教學與學生成績的顯著提高有關。研究還發現，學習速度可以加倍，並且高成就者和低成就者之間的差距可以縮小。課堂教學中若能嵌入評量技術配合教學應用，也被證明可幫助教師更好地理解學生的思維和誤解。形成性的課堂評量包括使用與教學和特定領域相一致的任務和工具來獲取證據，識別學生的學習模式，將證據與一般原則相結合以提供有意義的反饋，將評量嵌入到教學實踐中，並調整設計教學。

評量任務應該是有意義且有價值的學習機會，並且可供學生使用。他們應該推動課堂學習活動並指出應該鼓勵什麼樣的教學。旨在引發學生思考的任務通常比典型任務（例如多重選擇任務）更長，並且需要更多時間才能完成，因為它們讓學生承擔更高的認知負荷。不同類型的任務不可避免地會提供有關學生理解的不同類型的證據，較短的任務可以用來向老師提供有關學生理解情況的即時反饋，而較長的任務可以提供對學生思維的洞察，並為課堂討論提供機會。學生以前的經驗和對正在評量的數學思想的熟悉程度，可能會改變預期的學生過程。學生傾向於透過回憶事實和程序來解決與教科書任務共享關鍵屬性的任務，而對那些無法共享關鍵屬性的任務則使用創造性推理。相對於任務開放程度的結構是另一個需要考慮的因素，將任務構建為連續的部分會降低其預期需求，文本和視覺訊息的數量和複雜性，例如術語和複雜句子的使用，也會增加學生的閱讀負擔，任務的複雜性可以由步驟和變量的數量來確定。總體而言，語言的使用方式及任務中問題的形式，與學生如何參與其中有密切的關聯。另一個問題是任務的背景，一方面，上下文可以使學生能夠理解任務，並給予展示他們所知道的東西的自由度；另一方面，背景給學生的參與和任務設計的決策會帶來挑戰（例如：背景是否在數學化的過程中發揮關鍵作用）。這些

設計問題還會調節教師根據學生對任務的參與程度收到的回饋。

三 採用多元要素的評量方式

　　形成性目的的課堂評量其範圍可以從形成性評量的課程，到認知診斷的項目。形成性評量的課程提供了一種相當綜合的持續評量方法，而認知診斷的項目旨在提供對學生認知知識的細粒度分析。課堂評量的實踐可以包括日記省思、提問技巧、挑戰性作業、評量任務和開放式表現任務。各種方法都傾向於捕捉學生的學習情況，以便將評量與教學聯繫起來。解釋可以基於誤解的識別、學生策略的分類及學生論證的質量。

　　形成性評量的課程或是診斷的項目，其評量任務與內容的設計和分析，可以從以下實務或學術研究的架構所蘊含的要素加以考量和模擬，提出在課堂裡可用之素材：

(一) 解決問題的課堂挑戰（Swan et al., 2019）

　　最常用的是分類和定義數學的對象和結構；包括數學概念及其表示形式之間的表徵和轉換；證明和／或證明數學猜想、程序和聯繫；識別並分析情境中的結構。

(二) 個人的思維層次（De Lange, 1999）

　　在執行任務時學生呈現出複製、程序、概念和定義的行為；連接和集成以解決問題；數學化、數學思維、概括和洞察力。

(三) 數學的分類（Smith et al., 1996）

　　學生數學作業時的認知反應，包括事實知識、理解、程序的日常使用、訊息傳輸、應用於新情境、論證和解釋、暗示、猜想和比較、評價。

（四）TIMSS 評量的架構內容（Lindquist et al., 2019）

國際評量組織評量內容設計參考的依據：了解事實、程序和概念；應用知識；推理，包括分析、評價、概括和解決問題。

（五）QUASAR 認知評量儀（QCAI）（Lane et al., 1994）

包括理解和表達數學問題；辨別數學關係；組織訊息；使用策略、程序和啟發式過程；提出猜想；評量答案的合理性；概括結果；證明答案或程序的合理性；交流數學思想以反映數學問題解決的複雜構造領域；推理和溝通。

第一種架構「課堂挑戰」的要素提出了四個類型的任務，旨在評量和提高學生解決多步驟、非常規問題的能力；第二種個人的思維層次的架構，提出了三個層次的思維。第一種架構與一種相當激進的課堂文化方法相一致，即設計形成性評量的整個課程，而個人的思維層次架構似乎更注重獨立任務的設計和選擇。Thompson 與 Kaur（2011）認為給定的評量任務可以是形成性的，也可以是總結性的，具體取決於如何使用從該任務蒐集的訊息。另外，評量訊息可以用於總結性和形成性目的，而不是用於一個目的而危及另一個目的的使用有效性。

第三種數學分類架構是由 Bloom 等人開發用於設計和評量課堂活動的分類法，包括知識、理解、應用、分析、綜合和評量。第四種架構包含的要素是 TIMSS 架構，開發目的是進行大規模評量，以比較學生在不同認知領域和內容領域的數學成績，確定學生表現的趨勢，並為基於證據的決策提供訊息，以改善各國的教育政策和實踐。第五種 QCAI 的架構旨在評量學生在不同內容領域的理解、推理、解決問題和交流的能力，以衡量數學隨時間的增長。另外，Thompson 與 Kaur（2011）建議教師需要從四個維度評量對其所教授的數學內容的理解，以確保教學和評量的平衡視角：算法和程序（技能）、基本原理（屬性）、應用（用途）及圖表、圖

片或其他視覺表示。

　　形成性評量是根據學生的需要進行的，並且與課程密切相關。社會認知和社會文化理論適合作為課堂評量的基石，特別是實現課程和課堂教學之間的協調一致。

四 學生反應和教師行動的解讀

　　對學生在數學評量任務中的反應的分析需要進一步研究，以便得出有意義的見解，為教師提供即將到來的教學調整的訊息。Pellegrino、Chudowsky 和 Glaser（2001）提到認知、觀察和解釋必須明確地聯繫起來，並設計為一個協調的整體。否則，從評量中得出的推論的意義就會受到損害。事實上，良好的教學決策基於高品質的訊息，分析性的評量規準可用於解釋學生在任務中的反應，從而確定應包含在反應中的元素。另一種方法是使用整體評價的標準，其中學生作業的整體品質可被分配到預定的類別。例如：能力指標和評分規準常用來支持提供有關學生能力表現的回饋，幫助師生雙方了解所需要的能力，這對學生的學習產生重大影響。

　　對學習目標有更好了解的教師會設計更豐富的學習體驗，為提供有效的形成性反饋做好更充分的準備，並計畫補救教學的指導。教師根據課堂所得出的證據所進行的調整，可能包括立即修改教學決策、規劃教學活動、診斷學習困難、將學生置於學習序列中、記錄以供以後使用，甚至引出進一步學習成效的證據。教師需要知道如何確保從評量任務中得出的推論是否具有足夠的品質，以了解學生在學習連續體中的位置，並為下一步要採取的教學步驟的決策提供訊息。有效支持學生學習程序和技能的教學行動，須考量學生理解和意義建構的教學行動。雖然挑戰性較低的任務可以幫助學生輕鬆參與課堂活動，具有多種表徵或解決過程的任務也可以幫助學生。但是，在有限的時間內提供太多具有挑戰性的任務，可能會降低學生的積極性，即使這些任務可以促進數學推理。任務類型、挑戰層次的變化及時間安排，是規劃教學調整以支持數學學習時需要考慮的問題。

第二節　課堂評量內容的分類與規範

壹、評量內容的分類

　　評量任務的設計可以依學生認知的表現分成 (1) 再現、(2) 應用與 (3) 生成和省思三類。數學思想包括事實、規則、定義和程序。在概念再現的評量任務中，學生需要的是依靠回憶數學思想，最低要求是依賴記憶，對問題的熟悉度是要求學生對這些數學思想進行了廣泛的練習（例如：在課堂上重複相同的定義，練習乘法表）。學生不僅可以透過再現回憶來反應問題的要求，還可以透過重建數學思想來回應教師的提問。這些任務是日常數學教學的一部分，對此，老師評量學生的標準，在於學生是否能夠應對他們已經廣泛練習的任務。但在應用的任務中，學生應該應用數學思想。僅僅讓學生重現所教授的想法是不夠的，學生還需要根據任務的形式決定使用哪些數學思想及以什麼方式使用它們。具體來說，任務格式的變化需要進行推理並相應地調整所教授的數學思想。

　　另外，在生成和省思的任務中，學生需要省思數學思想並生成論證、論證、策略和模型。在這樣的任務中，它需要應用知識並且省思所連接的訊息的過程。學生不僅需要決定如何調整數學思想以適應任務的形式，還需要決定如何理解數學的結構。識別與這三種類型評量的內容相對應的任務依賴於任務的預期表述。例如：二年級學生的再現任務可能是一年級學生的應用任務。應用程序的任務也可能讓學生重現已知的算法。因此，可以依靠透過修改評量任務的「預期任務制定」的方法來確定預期過程。任務的預期表述代表了特定課堂社群中的學生預期遵循的路徑，可讓學生按照教師在任務派生的課程資源中所設計的方式參與該任務，任務的預期制定取決於學生根據課程計畫中的內容，及課堂上使用的課程材料預期遵循的路徑。

貳、評量的規範

對於預期任務的制定，在任務設定與實施時，教師另需考量評量任務制定要求的三個規範：語境熟悉度、學生能力、支持教學的課堂評量原則。

一 語境熟悉度

數學知識是透過個人（心理）和機構（背景）維度發展的。因此，評量的內容與實施步驟需要與學生參與的背景相關。透過關注上下文熟悉的程度，特別是確定任務格式的熟悉程度及完成任務的工作程序，來描述評量任務期望制定的適應內容。教師們常依靠學生之前在課堂上的經驗，這些經驗是老師所知道的，但需要承認學生從以前的年級和家庭環境中獲得更多經驗的侷限性。由於前述提及的架構要素旨在成為課堂教師的工具，因此教師須專注於對格式和工作流程進行相當簡單的分類，即學生對問題的「熟悉」或「不熟悉」的程度。

1. 任務的格式是指任務的訴求如何呈現，訊息如何給出。由於表示、場景、步驟的數目或數字／形狀示例的變化，格式可能會發生變化。
2. 工作程序是指完成任務的步驟。

在再現的任務中，格式和工作程序都應該是熟悉的，熟悉源於大量的實踐機會。在應用的任務中，格式應該是陌生的，而工作流程則是熟悉的。因此，學生需要確定如何以不熟悉的格式使用所教授的數學思想，但之後完成任務的過程預計能夠熟悉。不熟悉的格式需要有很大的不同，通常是以一種微妙的方式，取決於所研究的數學思想（例如：源於學生的常見誤解）。在生成和省思的任務中，格式和工作程序都應該是陌生的。因此，學生不僅需要進行探究，還需要嘗試應用先前經驗過的知識和策略，直至解題成功。

■ 學生的能力

　　學生在每種數學類型任務的能力，可定義作為分析對問題反應的鏡頭。在數學教育中，人們普遍認為學生需要進行表示、推理和證明、交流、解決問題、概括、建立聯繫和建模。這些被稱為流程、實踐或能力，也出現在上述所示的大多數評量架構的要素中。然而，為了課堂評量的目的，教師要確定在識別方面的限制，例如：在哪一個學習連續體上的學生正在解決所教授的數學思想（例如分數加法）的問題。另一個限制是，溝通和表達可以視為傳達學生在不同類型的任務中所確定的思維的媒介，目的是確定可適用於一系列小學數學主題的能力，也可用於描述學生反應的特徵，架構選定的能力是流暢性、靈活性和推理能力。

　　對於再現的任務，教師要考慮學生的練習程度和對任務的熟悉程度，探索學生回憶所教數學思想的流暢程度。對於應用的任務，重點是學生的靈活性，因為教師希望引出學生的數學思想如何在各種任務中適應、關聯、保持連貫並「脫離特定上下文」的格式。生成和省思任務將重點轉向學生的推理。推理是數學教育中的常用術語，通常具有接近思考的含義，推理是使用演繹（deductive）、歸納（inductive）和溯因（adductive）的過程等方式產生斷言和合理的推論，以得出結論。

■ 支持教學的課堂評量原則

　　很久以來，學者從研究中針對學習理論提出甚多教學和評量應遵循的法則，教師也從課堂實務中體現出對學生學習成效最佳化的評量原則，可以將這些歸納成以下原則（Shepard et al., 2020）：

(一) 師生要形成對有價值的學習目標的共同理解

　　教師要提供以學習目標為主的課程、教學和評量；認識並借鑑學生從家庭和社區帶來的知識和經驗；確保來自校外生活並與生活聯繫起來的真

實教學和評量任務，以增強意義和遷移。

(二) 參與教學實踐，讓學生圍繞有意義的任務相互交談

以此來引發和擴展學生的思維，幫助學生學會傾聽和支持彼此想法的發展；透過以多種模式呈現的任務，並使用文件和其他表徵來記錄他們的思維和學習，從而重視學生的想法。

(三) 提供有關師生如何改進的可接觸且可操作的訊息

培養學生的能動性和自我調節能力；整合為學習者推薦的語言和圖形支架，作為教學和評量的常規部分；幫助師生在形成性回饋和用於評分的總結性評量之間建立富有成效的關係。

(四) 制定有效反映預期學習目標和成功標準的評分實踐

避免使用成績作為激勵因素；實施連貫的課程活動系統，將課程、教學和評量結合起來，以完善的學習理論為基礎。在評量和課程部門工作人員之間建立合作，為學校連貫的課程活動系統的設計和實施提供訊息。專業發展和輔導結構（例如時間、對教育者合作的支持），幫助協調教師被要求學習的所有不同的新事物，包括學習和動機理論、基於資產的教學法、紀律實踐和課堂評量原則。

第三節　教師設計課堂評量

上一節談及課堂評量的規範與評量應遵守的原則，在於實施教學和評量的歷程，師生應將教學視為是執行形成性評量，而評量在於促進學生知識和技能是否達到目標，學習的結果則可評鑑教學是否有效，進一步作為調整和修正的依據。教學、評量和學習是課室互動的主軸，最終目的在於

促進學生知識的建構，學生的知識建構如何與教學、評量和學習連結，是
教師實施課堂教學和評量所需具備專業知識的基本要求。

壹、知識構建的模型（knowledge-building model）

　　知識構建的模型反映了重塑教育的嘗試，以引導學生進入知識，創造
文化（Scardamalia & Bereiter, 2014）。知識構建的目的是發展學生的認
知機制，使他們能夠在社群環境中持續探究、追求想法並改進的過程。學
生的探究若能得到知識構建模式的支持，將使他能夠部署他們的認知機構
來集體創造和改進想法。Scardamalia 與 Bereiter 兩人認為知識構建的模式
包括一套嵌入式分析工具，可促進學生在知識建構課堂中發展省思和調節
等後設認知技能，利用課堂話語的優勢，學生自主提出探究問題和想法，
構建他人的想法，集體構建解釋，監控和省思自己的探究，綜合和理論化
想法，並指導他們的進一步工作，以確保持續改進，模式內包含的上述特
徵，使得知識構建模型有利於學生認知能動性的發展。

　　知識構建強調基於原則、以想法為中心的緊急探究，而不是具有預先
設計的結構（例如協作程序、探究任務）的腳本方法（例如探究任務）；
讓學生完成預定義的任務和程序可能會破壞他們的能動性（Zhang, Hong,
Scardamalia, Teo, & Morley, 2011）。以原則為基礎的知識構建方法的核心
是靈活的課堂動態，這對於學生發展高層次認知機制的生產性知識構建過
程是必需的。Scardamalia（2002）開發了一個由 12 條原則組成的相互關
聯的系統，這些原則描述了知識構建的社會認知動態並指導教師和學生的
知識構建工作，其中以下四項原則對於學生的學習至關重要。

1. 認知機構：引導學生進行具有相關目標、評估和長期規劃的高層次知識
   工作，這些工作通常留給教師。

2. 社群知識：每個人，無論背景和成就如何，都可以為知識建設社群做出
   貢獻，來自不同學習者的不同想法是社群的資產，有助於思想的進步；

因此，知識建設為學生提供了集體提高知識的機會。

3. 可改進的想法：所有想法都是可改進的，並且想法的質量、連貫性和實用性可以透過集體和持續的努力來提高；因此，學生會被引導更加努力，不斷改進他們的想法。

4. 省思和變革性評估：評估是知識建設的一個組成部分，它為社群的工作和進步增加了探究的成分，並常常引導學生參與省思、調節和規劃等調節性行動。這種後設認知和調節行為對於學生的知識構建探究和過程的成功至關重要。

　　知識構建的模型是一種基於原則的開放式社群方法，有利於學生高層次認知機制的發展。然而，學生無法自動在知識構建中表現出高層次的認知機構。富有成效的知識構建過程要求學生產生認知和後設認知行動，例如：提出高層次的問題和想法，傾聽他人的意見，培養對社群的認識（例如：新出現的問題、想法及其聯繫），建立彼此的想法，省思他們知道和不知道的事情，綜合並超越他們的知識，並將他們的努力引導朝向進一步的探究。否則，學生的知識建構就會變成膚淺的、無法持續的討論，學生從知識建構的過程中收穫甚少。然而，學生在採取上述行動時通常會遇到困難。

貳、利用知識構建模型進行評量

　　數學能力和素養的各種概念，以及相應的技能、能力、素養和熟練程度的概念，在數學學習目標和標準的制定中（Biehler, 2019; Niss & Højgaard, 2019; Pettersen & Braeken, 2019），及全球數學教育文獻（Kilpatrick et al., 2020; Niss & Højgaard, 2019）裡，皆可發現越來越重要。涵蓋了與多個數學相關能力架構的心理過程進行的結果，這些概念有不同的起源，有時甚至重疊，共同點是傳達學生學習的目標並用於教育評量和發展。教師構建的評量作為開發及協調預期的（理想的和正式

的）、實施的（感知的和操作的）和獲得的（經驗的和學習的）課程（Osta,
2020）。

教師構建的評量被定義爲由教師構建和／或選擇進行評量的書面評量
（Goos, 2020），它們與課程和課堂教學的正確結合是讓學生充分意識到
自己目標成就的先決條件。作爲評量的核心手段之一，教師構建的評量在
教育和實踐的相互操作中發揮著重要作用。教師在評量中如何滿足課程要
求、關注什麼、如何選擇主題與構建評量仍然不爲人所知或充分理解。教
師構建的評量可以深入了解教師在解釋教育目標、主題或能力要求時所賦
予的含義。這些含義爲教師認爲與他們選擇評量任務相關的內容提供了基
礎。教師具備建構評量具有以下的重要性：

一 掌握數學素養的發展

Niss 和 Højgaard（2011）認爲，掌握一項素養既涉及個體進行特定
數學活動的準備工作，也涉及其能力。Lithner 等人（2010）提出了一個
數學素養研究架構（MCRF），旨在促進對學生能力發展的實證分析。
MCRF 中的能力被描述爲解決問題、推理、程序、表示、聯繫和溝通能
力。Niss 和 Højgaard（2011）對能力和素養的定義：在個人、職業或社會
生活的某些領域擁有素養（有能力）是指掌握（在相當程度上，適合條件
和環境）該領域生活的基本方面。數學素養意味著在數學發揮或可能發揮
作用的各種內部和外部數學背景和情況下理解、判斷、實踐和使用數學的
能力。數學素養是數學能力的一個清晰可辨的、獨特的主要組成部分。此
類素養的示例包括數學推理、數學的建模或解題。Niss 和 Højgaard（2011）
將素養的概念視爲「在涉及某種數學挑戰的情況下採取適當行動的充分知
情準備」。教師建構評量可以符應對學生數學素養個別化與精緻化的適當
了解和積極促進。

🔲 促進有效的數學教學

　　數學評量是對學生的數學能力、表現和成就的判斷。所有這三個概念都應從最廣泛的意義上理解，無論是作爲個人還是學生。因此，有效的課堂評量涉及能夠揭示、評量和表徵學生的數學進步和能力（Niss & Højgaard, 2011）。Goos（2020）將課堂評量設想爲教師爲獲取、理解和利用學生學習證據來指導後續行動而開展的活動。因此，評量構建應該爲教師創造機會，採用與數學課程所呈現的能力相關的上述過程。評量任務的概念是指可能在評量、教科書或課堂教學實踐中找到的特定評量項目或作業，學生有適度的機會從教師的任務解決演示中體驗和發展創造性數學推理的某些方面。因此，創造性數學推理的這些方面與數學能力緊密相關，因此在實際評量環境中也變得非常重要。

　　Horoks 和 Pilet（2017）也證實了這一點，他們從三個角度來表徵教師的評量任務實踐：評量任務與以往教學實踐的任務之間的距離、獲得的評量訊息的深度及訊息的解釋和利用課程進行外部評量。Suurtamm 等人（2016）在高品質評量設計原則和數學能力複雜性的背景下，研究了評量任務，這些任務如今以全球教育和學習成果的形式呈現。此類任務被進一步認爲比典型任務更廣泛，需要更高的認知和語言層次、更多的時間來解決，通常對學生來說，是複雜和陌生的。然而，在設計評量時將學生表現與數學能力層次或階段聯繫起來存在一些困難，評量能力對教師是一個挑戰。

🔳 促進教師的數學專業知能

　　評量是教師評量實踐的依賴和常規部分（Nieminen & Atjonen, 2022），並且可以視爲實施的（體驗和學習式）課程（Osta, 2020）。Nortvedt 與 Buchholtz（2018）討論了教師評量實踐的存在，這些實踐強調對學生的程序技能（而不是解決問題的技能）進行持續評量。傳統的評量

主要關注教學或已教授的內容，而不是透過連接不同領域的內容來學習。Wiggins（1992）描述數學教師在構建評量時面臨的三個困難。

首先，納入非常規任務是有問題的，因為這些任務對於學生來說可能太具有挑戰性，他們可能沒有能力進行原創思維來解決這些問題。

其次，構建針對不同級別學生知識的任務既困難又耗時。

第三，評量高階思維的標準難以理解和使用。

Watt（2005）認為以學生學習的差異及教師設置學科內容，評量其對學生能力和更高認知過程的影響差異，這種方式的評量是無效，但仍然發現許多教師認為它們是有用的。Watt（2005）指出，傳統評量很難評量數學能力和高階認知過程，而不是簡單地評量數學程序的成功執行。Niss（1993）對於為什麼會出現這種情況提供了一個可能的答案：任務包含的能力越複雜，以可靠的方式解釋其結果就越困難。

教師在以標準的評量解釋分數時遇到的問題，其中一些是無法以預先確定的標準，說明學生可能預期的表現（層次）。他們發現，教師在評量開發方面的培訓不足，教師的評量建設工作主要基於自己的經驗和同事的支持。另外，教師對於解釋學生表現的分數和發現學生高階思維的能力較弱。特別的是，新進教師通常對評量沒有信心，而經驗豐富的教師則使用普通教科書和教師指南作為幫助。教師的評量很大程度上受到教科書評量的影響。由於教科書既提供對學生數學知識的評量，也提供對學生數學過程管理（推理、交流等）的洞察。然而，研究顯示學生參與這些過程的機會並不一致，許多國家的教科書在問題解決方面也發現了類似的結果（Jäder et al., 2020）。課堂裡主要以教科書、考試和教學為代表，這三項組成部分緊密交織在一起，學生解決課本任務的特點是死記硬背、瑣碎推理和模仿策略占主導地位。模仿和創造性數學推理的概念，可用它來比較教師構建的評量的任務要求。

模仿數學推理和創造性數學推理之間的區別，是根據學生之前是否從事過相同類型的任務來區分的。教師設計的評量的成功需要模仿推理，如

果學生在教學活動中主要練習模仿算法任務，那麼當給予創造性任務時，學習就會表現出困難（Norqvist et al., 2019）。Boesen（2006）將模仿數學推理和創造性數學推理的內容比較，發現兩種數學推理模式之間的差異，解釋為對這些數學推理模式、評量期望和結果不夠熟悉造成的。教師最熟悉自己的學生以及課堂教學和學習的情況，在課堂學習的情境視角，教師對其評量實踐和課程評量要求的理解變得相關。

第四節　課堂討論

概念的理解是數學教育的重點（教育部，2018；National Council of Teacher of Mathematics, NCTM, 2000, 2018）。NCTM 在《Principles to Action, PTA》一書中，談及要讓所有的學生成功學習數學，提出了八大原則，其中包含了「實施促進推理和解決問題的任務」、「使用和連結數學表徵」、「促進有意義的數學話語」，其目的希望能提供公平具高認知的數學內容給予學生學習，提升學生數學解題能力。由此可知，話語的實踐是學生理解數學與培養數學概念重要的媒介，也是教師在課室有效教學的良好工具。

壹、課堂數學話語實踐

數學是所有科學的有效且必要的工具，為找出學生在數學學習中理解符號、思想和概念的程度，需要有學習數學的工具與表徵、話語實踐的技巧和符號配置（Ratnasari, Tadjudin, Syazali, Mujib, & Andriani, 2018），才能理解符號和抽象。研究已經證明，課室數學的討論學習可以提高認知能力（Putra, Nur Kholifah, Subali, & Rusilowati, 2018），學生接受討論學習後，能正確地以口頭、書面、繪圖和圖表形式呈現數學的陳述。

　　十二年國教數學領域課程綱要中的重要理念，開宗明義即宣稱：數學是種語言。一些學者將學習視為參與課堂話語的活動，為一種培養數學實踐的過程，包括話語實踐（例如解釋、證明或定義數學概念的方式）（Barwell, 2018, 2020）。有意義的數學學習反對將數學簡化為計算和操縱符號，要將概念理解和解題作為重點（Moschkovich, 2015）。從數學的角度來看，要能有意義地支持與教室學習的數學過程相關聯；從語言的角度來看，小組的討論須能促進全班討論和支持富有成效的特徵（例如完成嚴格的話語練習，評價不同學生的貢獻，聯繫不同的想法）。數學學習應發展一種語言回應的學習安排，同時提供數學和學術語言學習機會，將語言視為數學課堂中明確的學習目標的任務組合，以便設計學習安排，為所有學生提供學習機會（如圖 4-1）。

圖 4-1
數學概念構成的聯合認知過程

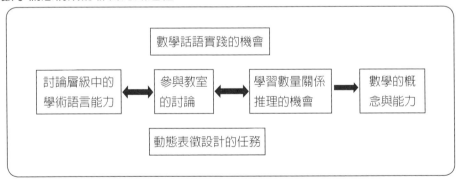

　　加強學生的參與和互動，已確定為增加語言學習機會的一種方法，互動性強調積極參與豐富的活動和學生的聲音，透過負責任的談話規範的方式或學生進行解釋時而實現（Ingram, Andrews, & Pitt, 2019）。數學教育在課室裡的互動一直受到關注，如何將數學學術語言和概念，透過有趣的生活化與動態表徵設計的內容讓學生積極參與溝通，就成為重要的教育課

題。本文透過話語實踐教學，希冀結合數學推理的任務，在描述、解釋、討論與報告的話語實踐程序中學習相關的數學知識和概念。

學生表達和描述他們所理解的東西的能力會影響數學話語實踐技巧（Sari, Supahar, & Ralmugiz, 2018）。從多項調查中明顯看出：數學話語實踐能力對解決數學問題的能力好，那麼學生的學習成果也會很好。學生在解決數學問題時，數學話語實踐能力偏低，學生不了解教師使用的學習模式，沒有將數學課和文化等其他東西結合起來，大多數學生沒有機會思考問題。

圖 4-2
數學話語實踐的指引

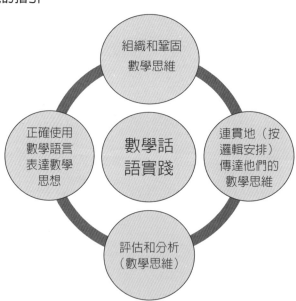

在數學課堂中需要遵循語言回應式設計原則的課程材料，也需要以高品質實施教學實踐。數學遵循 Vygotsky（1978）的傳統被概念化為一種培養數學實踐的過程，包括話語實踐，例如解釋、證明或定義數學概念的方式（Barwell, 2020）。話語實踐是在情境化的學習任務中進行互動式共構

和對話分析，是種爲解決不同溝通任務的交流模式，能夠將不同的話語實踐與知識構建的步驟聯繫起來。表 4-1 顯示高品質話語實踐的指標和欲培養的能力。

⟳ 表 4-1
數學話語實踐的指標和能力

數學話語實踐技巧指標	學生數學話語實踐技巧的能力
話語實踐數學思維連貫清晰	1. 連貫地話語實踐數學思維 2. 清晰的數學思維與朋友、老師等話語實踐
透過話語實踐和鞏固數學思維	1. 透過話語實踐組織數學思維 2. 數學思維鞏固了話語實踐
正確表達數學思想的策略是分析和評價數學思維的語言	1. 數學語言正確表達數學思想 2. 數學思維、策略等他人使用的分析 3. 評估數學思維的表達方式和所採用的策略

　　高品質話語實踐的指標和能力指出數學課堂的特徵，重點是讓學生參與討論。在這些教室裡，學生的聲音被聽到，學生的思考被用作推進教學的手段（Jacobs & Spangler, 2017; Jeannotte & Kieran, 2017）。爲支持這一目標，一些以學生爲中心的協作課堂（National Council of Teachers of Mathematics, 2018），爲學生提供推理數學的機會，並構建對數學的理解作爲學習社群的一部分。在這樣的課堂中，透過教師支持公平和有意義地參與課堂討論，學生被定位爲有能力的數學學習者（圖 4-3）。

　　本書作者採用 Prediger 等人（2019）的話語實踐行動來表徵教學，激發和利用資源（教科書、設計之任務、話語實踐練習），讓師生參與高品質的話語實踐，發展對數學概念的理解（圖 4-4）。數學課堂中話語實踐使用的四種交互編織的行動如下：
• 解釋概念和操作的含義。
• 討論宣稱的有效性。

圖 4-3
高品質話語實踐的指標和能力

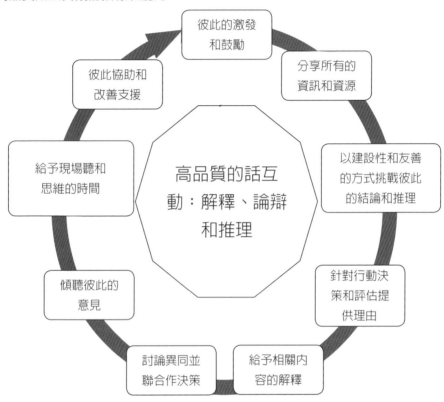

- 以一般方式描述模式。
- 進行報告。

　　話語實踐中的「解釋」指對學習的物件或步驟的說明，可以發展和鞏固知識及專注於交流新見解；而有效性的「討論」是指對不同主張提出自己的見解，可以解決對立論點的交流任務；「描述」指對其他學生傳達和提供對物件或圖案可能的感知說明；「報告」用於回顧性地闡明動作和過程，其目的是討論如何解決一項任務。為學生提供參與這些話語實踐的機會至關重要，許多研究已將之用於全班討論或以教師主導的小組工作，

圖 4-4
話語實踐行動

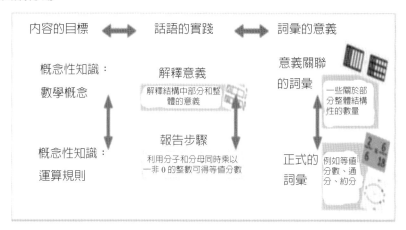

希望能鼓勵所有學生參加，並提供幫助學生對課堂語言的熟悉程度、教師對透過語言進行數學教學的準備、學生學習數學的機會，例如解釋和討論（Ingram, Andrews, & Pitt, 2019）。執行及構建的話語實踐教學具有以下特色：

一 話語的需求（discursive demand）

話語可以指許多不同的方面（Ingram et al., 2019）且與能動性有關，研究者專注於話語實踐——例如報告程序、解釋概念的含義和討論（Erath et al., 2021; Moschkovich, 2015）。豐富的話語實踐與維持認知需求和學生的能動性之間存在緊密聯繫，要求學生將自己的想法與另一名學生的想法聯繫起來，或透過讓學生基於內化規範而不是明確提示進行解釋或證明概念。

二 連接語域（connecting registers）

培養語言學習者概念理解的一種教學方法是使用多重表徵和多重語言

的語域，這是將日常語言、學術語言和正式語言聯繫起來。不同的表徵和語域不僅並列，且有意的連接本身，就是語言學習的品質維度（Adler & Ronda, 2015），當幾個語域或表徵被明確地進行時，可用於解釋數學或語言相關內容的回應。

貳、課堂討論的重要性

進行數學的討論對於幫助學生發展概念理解、學習學科規範與實踐非常重要。數學討論可以拓展對了解和做數學意味著什麼的概念，超越快速和正確的典型界限。拓展的概念可以包括數學素養技能，例如口語、聽力、批評和表徵，讓學生能夠將自己視為具有數學能力。討論還可以為學生參與數學討論、數學實踐和建立數學能力的機會開關空間，這些共同構成了數學的學術素養。這種複雜的數學觀點意味著豐富的話語不僅依賴於口頭和書面語言，豐富的話語還需要多種表達方式和交流思想的方式，包括社會數學語言、家庭語言和日常語言。經由這樣的話語，學生能協商數學概念的含義，並被定位為數學實踐者。教師如何促進與學生的討論對學生的體驗、數學學習和身分發展至關重要。本書對討論的概念化借鑑了互動式教學理論和情境教學理論，特別關注培養學生與他人和數學互動的能力，但基礎是明確承認教師在支持學生經由討論參與和學習的重要性。

對專業知識發展的研究發現，僅靠實踐機會並不足以支持教學的改善。實踐機會需要與結構化的直接教學相結合，形成性評量是教師準備的關鍵組成部分，現今使用許多教學評量，包括觀察和博多稿，經由廣泛的工作領域（如規劃、指導或評量）來衡量教師的技能。發展和完善教學實踐和工具的形成性評量，可以支持教師提供有關其技能的反饋，教師將經由這些教學實踐培養更強大的技能，從而影響學生對數學的學習。經由教學實踐注意到教師的技能並反過來向教師提供反饋的工具，必須專注於教學的互動工作，並對教學中的情境做出反應。

　　引導討論是複雜的，它是互動的，成功取決於其他教學實踐的技能，例如實施課堂話語規範。數學討論的重要性已經得到公認。還已經確定僅讓學生以「展示和講述」的形式分享想法，並不足以創造可以支持學生學習的豐富的集體思維類型。教師必須鼓勵和重視學生的想法，並使用它們以富有成效的方式塑造課堂話語，教師必須能夠注意到學生的數學思維實例，如果進一步討論，這些實例具有支持學生理解核心數學思想的巨大潛力。討論本身的重點可能會有所不同，它可以專注於就數學問題的答案達成共識，或者可以專注於理解一組不同的方法，這些方法都可以用來得出相同的答案。

　　Grossman 等人（2009）將教學實踐解析為特定工作領域以創建「分解」實踐的概念。我們借鑑先前關於討論對學生學習的重要性的研究及調和討論的實踐，以展開引導討論的工作，即教學實踐的「分解」。分解的一個挑戰是，它們旨在提供有關進行實踐的工作的詳細訊息，若無法列出實踐所需的完整知識和技能的集合，則它們將是笨拙的。首先確定主導討論的具體方面，根植於明確的方向和目的，以及任何經驗和專業知識層次的教師如何努力實現。例如：在安排課堂討論時，一個重要的目標是支持學生傾聽和建立彼此的想法。這需要採取特定的動作來鼓勵學生將談話導向彼此互動。另一個目標是幫助學生解釋他們的想法，包括分析明顯的錯誤及綜合和重述他人的想法。無論教師的經驗層次如何，都應該在數學討論中看到支持這些目標的動作，因為它們對學生的學習至關重要。這些舉措也是經驗豐富的教師在數學討論中所做的更複雜工作的基礎，例如支持學生在多個貢獻之間建立聯繫。

　　在分解中，區分了促進討論的實踐和引導討論的實踐（discussion-enabling practices and discussion-leading practices）。促進討論的實踐不是討論的一部分，但對於巧妙地導出數學討論至關重要。例如：選擇一項任務發生在討論之前，但選擇一項可討論的數學任務對於進行富有成效的討論至關重要。教師為讓學生準備好參與任務所做的工作，會影響教師和學

生在討論期間可以完成的工作。其他示例包括建立目標、預測學生對任務的思考，以及在學生完成任務時進行監控。引導討論的實踐是用於進行討論的實踐，包括引發學生的思考、做出貢獻、導出學生關注他人的想法、保持準確的公共紀錄、使用陳述來傳達關鍵思想及得出結論。

參、課堂討論的架構

　　這些實踐組織成了三個工作領域：架構、調和、記錄／表徵內容（framing, orchestrating, and recording/representing content）。對於工作領域內的每項實踐，可以進一步確定教師做的具體事情，這些稱為移動。這些工作領域隱含著某種順序性，因為架構—啟動、調和、架構—結束是按照特定的順序發生的。記錄／表徵內容可以貫穿整個討論。引導討論實踐中的特定動作，不需要以特定的順序發生，儘管在實踐中，有些動作自然會先於其他動作發生。

　　教師所做的工作是讓所有的學生參與數學討論，並幫助學生理解從數學討論中學到的東西。

1. 啟動支持學生有效的參與討論，教師可用來發起討論的具體動作包括：
   (1) 引起全班的注意。
   (2) 將注意力集中在討論的數學議題上。

2. 使用不同的動作結束討論，包括：
   (1) 做一個結束的陳述，顯示討論即將結束。
   (2) 支持學生記住或理解至少一個關鍵的數學思想或實踐。

3. 調和是工作的核心領域，是指學生分享想法、回應和建立彼此想法的持續時間。教師可以使用諸如：
   (1) 引出貢獻、激發多種解決方案、方法或策略。
   (2) 探索學生思維，教師根據個別學生的思維進行的工作，以促使學生進一步闡述他們的想法，包括教師用來要求澄清和闡述的行動，擴展學生思維，並明確交流需求。

(3) 導出學生思考他人，教師爲支持學生參與他人的想法或所做的工作，包括要求學生反駁（或重申）他人的想法，向學生提出有關他人想法和貢獻的問題，以及鼓勵學生參與、傾聽和回應同伴的貢獻。

支持學生學習，教師在這種參與方面發揮著關鍵作用。調和實踐還包括進行實踐所需的動作。導出的動作包括：

1. 向學生提出關於其他人的想法和貢獻的問題。
2. 經由使用要求所有學生回應他人工作的動作來支持全班的聆聽。
3. 鼓勵學生參與、傾聽和回應同伴的貢獻，以保持富有成效和重點的互動。
4. 做出貢獻等實踐來安排討論，例如確保實質性和相關的分析是討論的一部分或引入特定詞彙。

在討論中，教師以支持學習者參與討論的方式記錄和表達想法，公開記錄集體數學工作，支持集體意義建構。或者，支持學生進行表徵和記錄工作，這一工作領域稱爲記錄和呈現內容。有兩種特定的做法，每一種都包括特定的動作：

1. 保持準確的紀錄。
2. 選擇和使用適當的表徵來傳達關鍵的數學思想。

成功的討論取決於師生之間及學生之間建立的關係，教師必須能夠與學生及學生之間建立這種關係。另一個須提及的是確保公平參與討論的工作，教師必須能夠監控誰參與並有意支持範圍廣泛的學生的參與。

肆、課堂討論的評量

由於課堂裡的形成性評量是種動態的歷程，常從師生教學的歷程中進行，評量的內容包含了學生的語言、姿勢、動作、態度和情意的表現。課堂的討論是無時不刻地在教室裡發生，從教學的角度加以觀察顯示，教師對討論內容的了解、任務的可討論性、學生先前參與討論的經驗，以及教

師對學生的了解及與學生的關係都會影響討論的進行，進而影響學生上述行為的表現。針對課堂討論的評量設計，須考慮兩個因素：

首先，為了支持學生的學習，教師必須在反應學生及其教學環境的時刻採取行動。

其次，評量承認課堂的規範和年級層次之間的差異，不以一種未能考慮學生和教師帶來的資源的多樣性、教師和學生如何互動及發展差異的方式來規定教學實踐。

評量的重點及如何使用蒐集到的知識，產生了一組三個考慮因素。

1. 制定引導討論的事項，著手設計一項評量，重點需要關注學生進行討論的能力。

2. 教師對內容的了解、任務的可討論性，以及他們在討論前讓學生完成任務的技能，這些都會影響討論的進行。

   這些因素會使教師難以引導討論的技能。例如：當教師圍繞不適合討論的任務而引導討論時，常會耗時費神，無效收尾。教師要體現討論的技能，須從選擇提供的任務、支持可以解題任務的數學，以及關於如何在討論之前介紹任務和讓學生完成任務的詳細說明。

3. 力求讓評量提供有關個人所展示技能的細粒度細節，以支持學生認知的發展。

發展課堂討論的形成性評量，讓教師課堂中實施，提供共同支持，包括數學任務、數學任務的解決，及附帶教學目標的課程計畫。課堂討論的評量要求教師主持數學討論，學生在其中完成一項數學任務並參與有關他們工作的討論。顯示的任務使用學生生成的示例來發展數學思想，提供比較和連接一系列解決方案、策略或方法的機會，這些解決方案、策略或方法代表一個討論結構。選擇的任務側重於作為基礎課程關鍵組成部分的數學內容，可以跨年級使用，並推測它可以在不一定與當前課堂教學重點聯繫的情況下實施。

其他促進討論的實踐建立在支持的環境下，包括支持理解數學、預測

學生思維及針對不同年級調整任務，還包括課程計畫，其中包含建議的時間安排、參與結構和設置任務的指導。設計這些支持是希望以一種側重於討論導出技能的方式，確保評量在教師準備計畫的不同點上都有用。分解中有兩個相關的動作，一個舉措是將注意力集中在用於討論的數學上，以反映對實踐的分解，並實現制定評量的目標，該評量將能夠捕捉教師引導討論技能的詳細方面。

教師是否對學生提出的想法做出回應及他們如何參與討論，在探究學生對數學目標的思考時，可採取「跟進回答，讓更多學生思考可用數學」的舉措。在讓學生了解同儕的貢獻方面，包括「向學生提出有關他人想法和貢獻的問題」。與分解一樣，評量績效的清單是一份動態文件，包括針對特定任務的數學需求進行修訂，清單可以用於情境化的故事問題，支持班級將解決方案和表徵與問題情境聯繫起來。

獲得有關教師在教學實踐中發展熟練程度的詳細訊息，對於高質量的教師教育至關重要。評量必須使教師能夠以真實的方式展示他們的技能，能夠使用從此類評量中蒐集的數據來集中精力支持教師的發展。評量伴隨著對教師的一系列支持，其中包括數學任務以及對理解該任務的數學、預測學生思維及針對不同年級調整任務的支持。課程計畫包括建議的時間安排、參與結構和設置任務的指導。這使得評量能夠直接關注教師的行為。

第五章

課堂教學與評量的
設計應用

　　「工欲善其事，必先利其器」，這是大家耳熟能詳之事。同樣地，在進行課堂評量時，教師就需要配合對應教學目標以進行教學任務的設計，歷程中採取合宜的方式蒐集學生表現的資料，從資料中予以分析、歸類，制定評分規準，明白如何在適時的時機執行課堂評量，透過評量規準的檢視給予學生客觀的成績評定，進而調整與修正教學內容和方法，以獲致最大的教學成效。關於課堂教學與評量的設計與應用，如何配合數學教學實務進行？茲從課堂教學與評量的實施歷程、任務設計、評量設計三個層面加以闡述之要點。

第一節　課堂教學與評量的實施歷程

　　評量的項目和內容不能無中生有、憑空想像，而需有憑有據，亦即需要有證據為主的資料參考。在學校的期中考或期末考後，常常聽到學生對考試的問題產生抱怨及反彈，直言：老師考的都沒教！老師教的都不考！細究其中的原因在於：

1. 教師認為學生會將課堂所學過的數學知識加以轉化應用。
2. 教師對於教學內容與目標之間並未連結，無法掌握該單元欲達到的學習目標，以致偏離學生認知範圍。
3. 教師視教學工作為簡易的完成教科書範例的宣稱，並未深入察覺學生的反應與思維，無法做出對學生表現適當的回應。
4. 忽視評量的廣泛功能與影響，便宜行事，只找尋其他評量資源替代，忽略了實際教學與教育評量的目的。

　　梳理上述的原因，甚多責任及結果應由教師所負，原因在於現今的課室裡，仍以教師為中心的教學方式為主要模式，教師擁有重大的威權，包含教材與任務的選用、評量試題的編製與安排、評分標準的設定與分析、學生表現的詮釋與反應……，對於這些教育專業的情事，教師稍不謹慎就

會產生偏差，嚴重的話會造成損害學生學習權益的情事發生，隨後的困擾將會接踵而至。因此，教師要不斷地強化自身的專業知識，擴充課堂教學與評量的知識，才能避免不必要的紛爭。

針對課堂評量的實施，可配合教育部（2018）頒布的課程綱要重要理念的主張，不管是在教學或是評量都需要掌握情境化、多元化與認知發展等重點，加以設計實施。課堂評量的實施須考量以下要點：

一 提供數學解題可用的生活問題或情境

讓學生只使用符號表徵的教育會導致概念上空洞的「類似數學的行為」，這些行為是由對符號表徵不足的片斷理解組成的，在課堂的應用上雖然可簡約時間，卻常無成效，學生很難理解且學會。不幸地，為教導數學而立即以數學帶入課堂學習這種行動，常被教師們接受，甚至被誤導運用，以致造成學生學習參與的動機低落，甚至於影響情意的發展。解決的方法是，教師應從學生的日常生活經驗著手，結合數學概念的連結、轉化和應用。亦即透過話語與表徵的應用，協助學生對數學概念的理解，而非對數字單純的堆疊和運算而已。事實上，在教學的歷程對學生視覺空間表徵策略的應用，不僅可以考量學生其認知的發展，還能進一步了解他們學習的教育背景。但在實踐中，這是一個相當大的挑戰。為了解決數學概念轉化的問題，課程綱要（教育部，2018）在重要內容裡提出了情境的類型，並加以解釋：

（一）情境

學生在理解概念或規律，以及解題應用時，經常需要連結於某經驗脈絡中，既可協助學習，亦有益於日後應用。課程綱要中常用到的情境，一種泛指這些經驗的脈絡特徵，例如：生活情境、具體情境；另一種則指某核心類型的學習經驗，例如：平分情境、測量情境。

(二) 具體情境

學生在學習時，經常需要先有恰當的範例、應用來提示與引導，這些情境泛稱為具體情境（對應於「認識」與「理解」）。在國民小學的第一、二學習階段具體情境與生活情境不做區分。但隨著學生熟習數學概念、表徵（如乘法的排列模型）或較抽象的思考經驗（如數字感），從第三學習階段起，學生學習數學所依賴的具體情境，就不限於生活情境。例如：學生在五、六年級學因數、倍數或質數課題時，最恰當的具體情境，就是學生對整數性質的熟悉，而非日常生活的問題。從第四學習階段起，具體情境甚至包括數學或其他領域的局部理論。

學習數學的目標在於解決問題。在教學上，若以學生生活經驗的情境加以結合設計任務，那麼將可激發學習的動機與需求性，強化學生參與學習的意願，促進自主學習的效能。在評量的歷程及任務的設計與實施上，若能以情境作為背景，不僅可以驗證學習數學的可用與價值性之外，亦能了解學生數學概念與程序技巧轉化的情形，促進其將理論與實務的連結，學以致用解決問題。

■ 思索解題所需具備的數學相關能力與概念

解題是數學學習的目標，亦即學者所強調的「做數學」（Stein et al., 1996）。解題並非單純的做數字運算而已，其包含了眾多繁瑣的能力。在課程綱要中（教育部，2018）已對數學的解題加以闡述：泛指能應用數學概念與程序，解決日常、數學、其他領域的應用問題。解題過程包括了解問題的意義，選擇可能之策略，轉換該策略為數學問題，運用數學知識對該數學問題求解，能檢驗與詮釋這個解的意義，判斷是否完成解題之要求等。所以解題是種動態的思考歷程，需要利用多樣的能力和策略才能克盡其功。

由於數學解題的目標已經轉向和現實世界的應用、推理、數學建模和

非常規性的思維（CCSSI, 2017）等更多的功能。解題能力的發展是數學教育的重點。Lester 和 Kehle（2003）將數學解題定義為：一個思維過程，在這個過程中，解題者試圖使用他擁有的數學知識來理解問題情況，並嘗試獲取新訊息。由於心智模式決定如何尋求問題的解題方案（Stanton, 2010），要發現問題的新觀點及其解題方案，就需要有挑戰的模型；也就是說，要打破對問題不必要的、限制的、潛意識的假設。一個挑戰是將焦點從部分轉移到整體，即看到系統而不是部分，破除將因果關係簡化為線性的且只有一個原因的想法（Plate, 2010），識別多個元素之間的相互作用，認識到由於系統的複雜性，任何干預都會導致意想不到的後果。鑒於課堂解題時常產生抑制系統性思維的傾向，特別是當解題被教導為快速獲取答案的過程（Schoenfeld, 1994）。因此，教師在系統性思維的目標要求下，如何界定解題？如何發展系統性思維的解題方案與策略，協助學生在複雜的生態環境中，發展合宜的解題技巧和能力？這些都是教師在教學與課堂評量歷程中須考量的議題。

三 配合評量方式設計誘導與引發學生相關能力或概念的任務

　　十二年國教是以學生為中心的教學實踐，以學生為中心的教學實踐是指學生提出問題、探索情境、重新發明數學概念及發現數學定理和程序的教學實踐（教育部，2018）。Maaß 和 Artigue（2013）在關於探究式學習實施的調查中指出，數學教育工作者一直在討論更多以學生為中心的教學方式，開發支持這些方法和進行課堂評量相關研究。然而，對於日常教學的影響仍然有限。Freudenthal（1973）主張的真實數學教育，提倡引導式重新發明數學概念的原則，數學知識的發展是一個組織領域經驗的多步驟過程，從學生的直覺資源開始，將它們發展成更結構化的想法。

　　Maaß 和 Artigue（2013）總結，當代許多課程材料和學習的任務都包含豐富的開放式探究任務，許多教師被證明在教學的初始階段會發起探究，鼓勵學生產生多種解決方案和想法，用足夠的學習的任務支持教師的

實踐。但參與實證課堂研究的學者指出，在鞏固學生概念階段，教師對維持認知需求（Henningsen & Stein, 1997）和豐富的數學話語（Silver & Smith, 1996），與將學生的不同想法整合為重要且有價值的數學（Stein et al., 2008），避免用簡單的話語處理學生的數學表現（Lobato et al., 2005）等方面會面臨挑戰。教師在教學與評量的過程中很少能整合與執行高認知需求的材料，亦即缺乏能讓教師同時思考學生的數學思維、運用多元表徵解釋學生的創意思考或運用話語實踐建立學生數學知識。

如何誘導與引發學生相關能力或概念的任務，Prediger 等人（2019）認為，可以將學習的任務與課堂評量的內容透過性質的分析分類為：

1. 宣稱性、表徵性和組織性。
2. 具體、圖案、動作知覺和動態圖像；或戲劇性的、身體的、圖畫的、語言的和象徵性的表現。

從課堂實際情境學生利用視覺空間解題策略加以描述，又可從 (1) 完成的表徵、(2) 行動中解題策略的觀察、(3) 師生交互式聯合製作等層面加以產出。

（一）從完成的表徵中確定評量內容

包括：

1. 媒體：生產的手段，例如立方體、筆／紙、手指、屏幕上的像素。
2. 模式：產生意義的手段，例如建模、繪圖、文字、符號。
3. 相似性：繪圖／模型與任務場景的視覺相似性。
4. 空間結構：經由空間的分離、容器的使用、一維或是多維等對代表性元素（例如：單位組）進行視覺空間的組織。
5. 單位的可數性（unit countability）：每種表徵的單位（立方體、方瓦等）=1，可以經由直接的計數來實現枚舉（即以個為單位計數）。
6. 單獨完整性的表徵：學生是否產生一套完整的可觀察的外部表徵元素（一種特殊形式的一致性）。

7. 策略穩健性：在執行過程中沒有出現錯誤，該策略是否會產生正確的解決方案。

媒體和模式是源自社會符號學的表徵分析，數學問題解決時所用的表徵通常是多模態的，也可能是多媒體的。為了更詳細的分析，媒體、模式和相似性應該分開考慮，相似性最好是在字面上制定場景與陳述的實際物件之間的範圍內，使用任何具相同結構的標準符號配置進行計算（例如 $2(X + Y) = 2X + 2Y$）。經由注意不同元素的存在與否和描繪，將兩個或多個表徵比較為具有更高或更低的相似性，可以在不同的模式／媒體中發現等價的空間結構。單位的可數性或大量的空間結構可能是經由查看文稿或模型來確定（例如 1 公里 = 1000 公尺），必須在使用中觀察文本或情境，以了解是否需要實際計數，或依結構的順序推演。

(二) 可以觀察行動中的解題策略

1. 運動：表徵在創建後是靜態的，還是用於計算時涉及元素的持續移動。
2. 枚舉：如何導出數量，例如：單位計數、步數計數、數字事實檢索。
3. 一致性：是否從頭到尾使用單一的連貫策略，或發生變化的一致性。
4. 執行錯誤：例如在數字事實檢索、口頭計數序列、手指移動、符號。

運動一直被認為是視覺空間表徵的一個相關的行動，包含了在表達數學概念時對手勢的具體認知、手指作為可數媒體的動態部署、重新排列具體單位分成相等的組合配置，或動態虛擬操作。運動可以進行質性和定量的分析，並不侷限於特定媒體，例如：學生操作頁面上的圖片、移動、消除、共享和分發的運動模式。有關運動如何與空間結構和枚舉相關的示例，可考慮學生在繪製、指向或移動單位時進行計數。

理想的情況下應該經由觀察來確定學生學習的表現。雖然可能有一些跡象存在，例如紙筆測驗中計算的符號，但這些可能會產生誤導，有時學生寫出他們認為是文化預期的內容（例如：小學生常將口語表達之二十一寫成 201），實際上以不同的方式得出了他們的答案。類似地，觀察算術

表徵策略是如何執行的，可提供有關哪些執行錯誤導致正確策略的錯誤答案的重要訊息。一致性和完整性一樣，但不一致可能是一個積極的信號；雖然可以從完成的表徵中看到空間結構（位值表）和可數性的變化，但可能會觀察到學生經由單一計數開始他們的枚舉，然後在中途更改為複合數量的計數。

(三) 師生交互式聯合製作

1. 口頭的：例如老師（或其他人）的口頭提示，計算建議。
2. 視覺空間：例如老師（或其他人）的手勢，參與建模／繪圖。
3. 教師－研究人員，與共建的參與者互動，經由語言或視覺空間互動參與到聯合表徵／符號過程中。進行教師提問與學生操作的排序與連貫性。

　　總而言之，透過評量方式設計誘導與引發學生相關能力或概念的任務，是希望學生能成為數學問題的解決者，但教師必須理解解題的步驟尚且包含：

1. 解決問題之前的準備；
2. 實際解決問題；
3. 解決方案後的驗證（Silver, 1987）。

　　除此之外，教師在參與解決問題時必須為學生設定具體目標，本書將以「嵌入式的解題」（nested problem solving）（圖 5-1），即在教學解題或課堂評量的架構中教授數學問題解決，在整個過程中，討論如何透過培養學生對重要數學理解的方式，將教師的知識、信念、目標和解題的行為轉移給學生。

　　在解題歷程中，師生皆有其應該擔任的角色及應該負的責任，具體化解題歷程師生需要準備的事項，如表 5-1 所示：

圖 5-1
嵌入式的解題歷程

表 5-1
以師生的角度分析解題過程每階段之任務

教師的角度	階段	學生的角度
查看課程,並參考相應的資源。	前	仔細閱讀問題,理解特殊詞彙
關注有關內容的重要訊息以及學生當前的知識、興趣和能力。		關注重要訊息並嘗試確定問題是什麼。
考慮可能的方法來教授課程,以便將學生放在教學中心。		考慮解決問題的可能方法。
準備計畫。		如果可能,制定計畫。
實施課程計畫。	中	開始按計畫解決問題。
觀察並詢問學生,以確定他們解決方法的進程。		評估所使用的解決方法的有效性。
根據需要提供指導,並考慮其他教學策略。		根據需要,探索解決問題的其他可能方法。
回顧課程以評估教學效果。	後	查看所有過程,並確保它有意義。
如果要再次教授課程,確定要更改的內容。		考慮其他方法來解決類似的問題。

四 預測學生可能採用之解題方法和策略

　　Simon（2017）認為數學學習的結果必須解釋從先前的概念到更高級概念的構建的歷程,因此假設了一種遞歸的結構,該結構允許在一個概念

層次上發展的結果能成為下一層次概念的構建區塊。基於上述宣稱，對於數學概念學習與任務設計的連結，建立在以下三項的基本原理上：

1. 從早年開始，學生透過參與特定的任務（例如獲取物件、計數，配對、分享）來學習。所有年齡階段的學習者透過他們自己的數學任務來學習，這並未否定其他社會構成的數學思想、任務和交流，它還呈現個人在社會文化影響背景下的任務前景。

2. 學生參與適當選擇和排序的數學任務，可以進行重要的數學概念學習。如果個人有能力透過數學任務來學習，那麼就必須設計出一系列的任務，藉由參與這樣的任務序列來促進學習，也就是可利用任務的設計和排序，透過數學任務來學習。

3. 並非設計良好的任務序列就足以進行有效的數學課堂教學／學習，但透過精心設計的任務序列產生的學習，是能夠提高學生從課堂討論等互動機會中的受益。

Corcoran、Mosher 和 Rogat（2009）認為現今的教育改革目標主張的「不放棄任何一位學生」或「帶起每一位學生」的口號是無法實現的，除非教師運用形成性評量，理解學生的數學知識是如何隨著時間發展，並從形成性評量獲得的證據對學生加以反應。因此 Corcoran 等人（2009）指出為實現教學目標或進行必要的教學，新的模式必須能發展教師持續蒐集學生在學習歷程進展與困難證據的能力，這樣才能對評量獲得的資訊做出合適的教學決策。因此，預期學生的解題思維意味著檢驗策略的多樣性，及關聯軌道上不同能力層次的錯誤，思考這些策略或錯誤可顯示學生數學的理解與特殊數學目標的關係。經由對這些資料的明瞭與高度期待的策略和錯誤，以及重要的標記和障礙，經由學生數學的情況定義學習路徑，並修正教學方法；預測學生的數學思維可以協助監控學生的解題表現，監控是針對已知可能多元的認知模式，意味著緊密的傾聽，探索學生對這些模式能否與如何顯現。預測亦可以當成選擇和排序的基礎，選擇和排序需要教師思考學生的策略，以明白路徑為基礎當成組織學生作業表現的導引，

教師針對整班的討論，選擇和排序學生的觀念，為學生或多或少精確的觀念提供多元的「近側發展區」。選擇整班討論呈現之片斷作業之順序，教師可檢驗已知的錯誤概念或特殊的障礙；最後當班級的對話流動時，教師可對學生的概念、強調關係和指出所欲發展的數學觀念之間做連結。Stein和其同僚（2008）宣稱這五項實務讓教師建構學生的概念，形塑班級討論而支持重要的數學概念發展。表 5-2 提供小學低年級學生進行形體的操作時，教師根據單元的學習目標對學生學習可能產出的數學反應加以預測的彙整。

⤴ 表 5-2
教師對學生形體操作反應進行預測

任務名稱	學習目標	臆測學生可能的反應
一、立體形體分類	學生透過堆疊和滾動的任務，找出： 1.有平平的面立體形體。 2.有彎彎的面立體形體。 3.同時具有平平的面和彎彎的面立體形體。	學生可能的回答： 1.二分法：分成一類是立體形體具有平面；另一類立體形體具有彎彎的面。 2.三分法：分成只有平平的面；只有彎彎的面；具有平平的面和彎彎的面。 3.四分法：分成正方體、長方體、圓柱體、球體。
二、辨識形體的特徵及命名	1.能利用積木拓印，說出立體形體與面的關係。 2.透過拓印的任務，進行立體形體的命名，能說出立體形體的正確名稱正方體、長方體、圓柱體、球體。	學生可能的回答： 1.拓印出正方體 6 個一樣大的面；長方體有 2 個正方形和 4 個長方形；圓柱體有 2 個平面和一個長方形；球體滾動後為一條彎彎的曲線。 2.立體形體的命名，學生可能回答是正方形、長方形、圓形、球體。 3.正正方方的體、長長的體、圓圓的體、球體。

任務名稱	學習目標	臆測學生可能的反應
三、塑形任務	1. 從立體形體的概念與觸覺體驗任務，進而能產生立體形體的結構特徵與心像。	學生可能的做法： 1. 可能將黏土壓成正方形、長方形、圓形、球。 2. 可能捏出完整的立體形體：正方體、長方體、圓柱體、球體。
四、立體形體的翻轉	1. 運用立體形體的心像空間視覺化的能力，找出符合的立體形體。	1. 學生可能根據立體形體的心像空間視覺化的能力，可能是進行面的比對、邊長的比對或立體形體翻轉。
五、形體概念的應用	1. 培養學生的創造力，創造出許多不同的立體形體樣貌。 2. 透過觀察堆疊出相同的立體形體。 3. 透過視覺與心像找出移動的積木。	學生可能的回答： 1. 學生可能透過同儕合作與討論創造出多元的形態。 2. 學生可能說出移動的積木不見。 3. 學生可能說出移動的積木在後面。

　　對有效數學教學的研究已經建立兩個截然不同的穩健發現。一種是學生在教室裡學習數學的能力很強，主要是他們有定期的機會從事具有挑戰性的認知任務，從而促進數學問題的解決、推理和理解，只要他們的老師以不降低學習能力的方式支持他們的工作即可隨著課程的發展，對認知的要求也隨之提高。另一個有力的研究發現是，學生在課堂上學習數學很好，在該課堂上，教師採用課堂評量技術來得出、解釋和使用有關學生所學的知識，來指導教學決策。課堂評量涉及師生雙方為修改學習的任務而進行的任務，其重點是學習而不是評量、排名或判斷。課堂評量的一個重點是，它生成的訊息被師生用來改善學習。課堂評量策略使學生的數學思維和理解可見，從而成為「得出和使用學生思維證據的方法」。形式性評量的談話——如何生成訊息，以支持學生沿著學習軌跡前進的方式，是傳統評量討論方式所無法實現的。為了引起和評量主動思維而不是被動回憶，需要更加多樣化和複雜的評量任務和策略。

第二節　課堂教學與評量任務設計訓練

　　為學生準備的學習的任務是數學教師有效教學的主要來源，它是根據教學目標、正規數學學習內容的明確性、排序任務的種類，提供學生在課室裡循序漸進的學習任務。儘管師生可用的相關課程材料很多，但是學習的任務仍然指導著許多教師的工作，特別是因為當教學資源分散且側重於多項任務，而無法提供整體連貫的課程時（Gravemeijer et al., 2016）。學習的任務已經被證明可以傳達教學的訊息，並提供有助於特定的教學策略（Rezat et al., 2021; Thompson & Senk, 2010）。即便是教師已有教科書可以運用，學習的任務還是可以協助教學實踐（Swan, 2007; Valverde et al., 2002），因為學習的任務的選擇會對學生的成績產生重大影響（Grouws et al., 2013; van den Ham & Heinze, 2018）。然而，如何讓學習的任務產生其創新的潛力？Ball 和 Cohen（1996）發現只以教科書為主的課程材料不足以支持教師執行預期的教學實踐，還需設計以學生需求為主的課程才能幫助教師更周到、有效地進行教學運作。除此之外，也需要探討教師如何處理學習的任務，及在何種背景下使用學習的任務，才能發揮其成效（Remillard, 2005）。

　　對教師如何調整課程材料和進行學習的任務雖有基礎的理解，但仍需要調查學習的任務如何最好地支持教師，並將此類研究的結果納入學習的任務的設計（Remillard et al., 2014; Rezat et al., 2021）。任務不僅在數學內容方面有所不同，而且在所涉及的認知過程方面也有所不同。透過要求分析數學概念或解決複雜問題，而為學生提供機會來提高他們的數學思維和推理能力的任務，可以認為是認知要求很高的任務。

　　課堂教學與評量任務的設計可透過教師專業發展的機制實施，若教師組織知識的任務清單被開發和分類後，下一個教學單元的設計過程就會變得更加容易，也允許更嚴格和系統的探究活動的進行。首先，向教師呈現課堂的設計活動，這些活動除配合學習目標要求外，其特徵包括：

1. 在於內容是以生活或具體情境為主，可以連結學生生活經驗，促進學習動機，激發想像與探索的空間。

2. 學生進行操作，透過使用具體材料（例如：花片、立方體、十進制積木、圖案積木、分數條和幾何圖形）對每個數學概念進行建模來開始學習，學生藉由操作具體物體來模擬數學概念／技能。

3. 要求學生進行表徵化的紀錄，教師將具體模型轉化為具像性（半具體）層次，其中可能涉及繪畫，使用圓圈、點和計數、設計表格，畫出代表之前使用的具體物體的圖像；或使用話語說明數學思維和想法，並藉由話語實踐與他人分享數學概念。

4. 歸納整合所學數學概念，教師利用符號和數字對數學概念進行建模，使用數字、符號和表達式呈現問題之結構和關係，進行數學化並應用。這種具體─表徵─抽象的過程是一種數學教學干預措施，都建立在之前的教學上，可以提高有學習障礙的學生的數學表徵，以促進學生的學習和記憶，並解決概念性知識。

教學與活動的設計依據專業發展的進程逐漸發展學生自主組織數學知識，可遵從四個階段進行：

第一階段（發展概念的理解），進行知識的探索，教師可參閱教科書、教師手冊、課程綱要之學習內容與表現之能力指標，配合教學目標選擇與安排問題情境設計相關問題。

第二階段活化高認知表現的歷程，將發展的有效教學實務，用以協調富有成效的課室話語實踐，在全班的討論中鞏固數學知識，並連結至下一階段。

第三階段，透過學生利用多元表徵的呈現，將解題的數學思維以符號和表列式呈現問題的關係。

最後，教師將學生表現進行系統化分析，組織與聯繫此單元活動相關數學概念之教學與評量的示例。

當課堂評量被深深地植入教學中時，教師會定期解釋學生的理解並使

用證據來支持學生的學習。不幸的是，如果課程材料沒有爲教師提供有用的課堂評量技術，則課堂評量的承諾可能無法實現。本書介紹一個基於研究的課程，該課程將課堂評量嵌入每節課中，旨在增強學生對整數和分數的理解。評量設計的三個特徵：

1. 解決問題的任務使學生挑戰有關核心數學思想的推理。

2. 課程設計支持將任務用於評量和指導。

3. 課程順序支持學習進度，因此評量可以在課程過程中提供形成性的指導。設計研究說明了嵌入式評量設計中的關鍵作用，使教師能夠評量學生的學習和進步。

壹、課堂評量任務：說明

　　學習數學引入嵌入式解題歷程模式（教學與評量任務），在螢幕上放置了數線的問題，刻度線間距不規則，這是一個開放的問題（圖 5-2），學生需要觀察期間的變化，不會馬上解決，所以要努力克服。班上的大多數學生都無「數線上沒標示出刻度線」的經歷，因此教師可以預測學生會以不同的方式解決圖中的任務。一名學生採用爲刻度線分配數字圖案的通用程序：學生沿著刻度線向後數十（60、50、40、30），並在框中標記30。另一位學生修改此過程的原因是，從 60 到 50 的間隔是 10 的間隔，從 50 到盒子的間隔是相同的長度，因此它必須具有相同的 10 值，學生在框中標記 40。在隨後的全班討論中，全班同學討論這兩種解決方案之間的差異，從而爲所有學生創造學習機會。

　　開放性問題是評量任務還是指導任務？開放性問題具有兩個功能：評量學生對數值與線性單位之間關係的理解，以及與數線上的整數表徵有關的數學原理的課堂討論的教學資源。圖中數線表徵的功能是協調評量和教學方法的關鍵資源。如果課程開始時使用的數線如圖 5-3 所示（數線的最左邊的刻度線帶有 0，並且用熟悉的數字模式標記了規則間隔的刻度線），則學生的正確回答可能會掩蓋部分理解。

圖 5-2
整數的數線問題

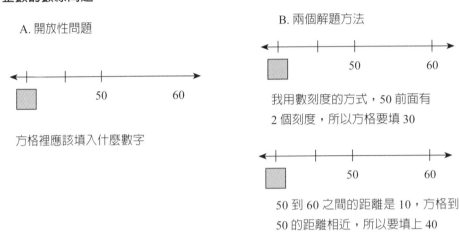

A. 開放性問題

方格裡應該填入什麼數字

B. 兩個解題方法

我用數刻度的方式，50 前面有
2 個刻度，所以方格要填 30

50 到 60 之間的距離是 10，方格到
50 的距離相近，所以要填上 40

圖 5-3
以 0 為起始之整數的數線問題

　　對回答「40」的學生可能對排序有一定的直覺，掌握到十進制的跳數，並且對用數字圖案標記刻度線的程序很熟悉，但是該學生可能會或可能不會理解，間隔 10 的長度必須在此數線上的所有位置都具有相同的值。圖中的線提供較少的評估機會，也無法提供有關紮實理解數線的基本思想的指導，因為圖 5-2 中數線不熟悉的特徵會挑戰學生反思和修改其解決問題的策略，並推理出區間長度和刻度線值之間的關係。

貳、課堂評量任務研究基礎

　　儘管數線的知識對整數的好處是顯而易見的，但課程材料對整數和分數的線性模型的重視有限，且數線其在分數大小理解中的作用並無實

質的建議產出。針對此議題，Saxe 等人（2013）以「透過表徵學習數學」
（Through representations to learning mathematics, LMR）的課程，展示了
對學生理解數線的核心概念，強調數線若要成為支持對整數和分數的理解
資源，就需要讓學生在複雜的理解過程中，建立在對整數及順序大小的直
覺知識基礎上。Saxe 等人（2013）的研究驗證了四種課程和教學策略的
效用：

1. 以非常規的數線任務，引發學生將一個值定位在具有不均勻刻度的數
   線上，讓學生參與關於單位間隔的推理。
2. 一系列數線的定義和原則（例如順序和單位區間），提供學生在解決數
   線問題時可以構建和應用。
3. 以數棒作為線性大小的操作模型。
4. 從整數到分數的課程序列，其中整數定義作為使用分數的基礎。

　　從 Saxe 等人（2013）的研究結論可以理解，分數學習可以透過對數
線的操作而促進，惟在此歷程需透過課室的論辯、激發學生對數線屬性和
分數概念的連結。為「了解學生所知道的知識」，建議根據學與教研究的
證據設計教育評量。如圖 5-4 所示，在設計研究的第一階段，與學生進行
訪談。目的是雙重的：蒐集有關學生可能會帶入課程的部分理解和策略的
訊息，該課程使用數線作為整數和分數的表徵上下文，並確定引發各種策
略和推理的有用任務。在訪談研究中，採用的任務包括更常見的和非常規
的數線表徵。從學生的反饋中，了解到五年級學生通常了解數線上的順序
概念，他們使用程序對刻度線（或間隔）進行計數，並用熟悉的數字樣式
標記刻度線。但是，當出現教科書中很少使用的數線表徵形式（例如：刻
度線間距不均勻或沒有為 0）時，許多學生在使用常規程序時並未考慮到
數線間隔的長度和值。研究為我們提供了一系列的數線任務，這些任務有
望為評量和指導提供幫助。

圖 5-4
課堂評量任務研究基礎

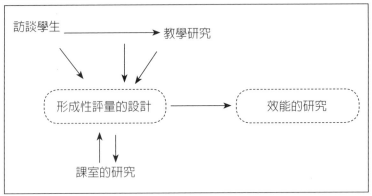

　　在第二階段，是對策略的研究，以支持學生理解數線上的整數。設計一套協調的技術：幫助學生建立對數線屬性的理解方面的一系列任務；古氏積木可以作為線性測量的工具（Saxe, 2015），逐步引入數線的定義和原理（例如順序、單位、多單位和對稱性）以支持學生推理和問題解決的增長，該任務無法透過常用的程序和算術事實輕鬆解決。這些任務既是教學資源，又是課堂評量，使導師能夠評量學生的理解並根據需要提供其他教學支持。研究證明了該任務的有效性。在第三階段的課堂學習中，透過設計、實施、調查和修訂的迭代過程來開發課程和評量。課程序列的初始構建是透過訪談和教程發現指導的，這些訪談涉及部分理解的典型模式和有用的任務序列。老師們嘗試了一些教學策略，將這些任務用作評量和指導的資源。

參、課堂評量的功能

　　課堂的評量使教師能夠隨著學生在課程中的進步來評量學生的理解程度。評量的功能對於任何數學課程單元中的設計，都是有用的啟發式方法，其功能如下。

一 任務挑戰學生對核心數學思想的推理

　　任務要求學生思考核心數學思想，因爲學生無法透過常規程序或算術事實輕鬆解決這些任務。在全班討論中，學生交流並完善他們對數線上所呈現之數值表徵的理解。任務的設計策略之一是包括不正確或不常見的數線表徵形式，並要求學生評量數字在直線上的位置。圖 5-5 說明了一個帶有非常規數線的任務，圖 5-6 說明了其他任務及學生對這些任務的推理中出現的部分理解。

圖 5-5
分數數線的任務

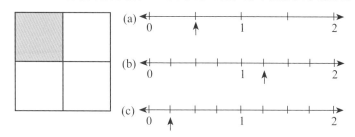

以下哪條數線箭頭指示的位置可以表示左邊圖形中陰影表示的部分？

　　圖 5-5 任務要求學生將一個熟悉的面積模型與 1/4 匹配，其中三條數線表徵三個不同數值的觀點。所有這三個數線均具有教科書中的常見功能：這些數線是以 0 開頭，並劃分爲相等的間隔。爲了確定正確的答案選擇，學生必須考慮如何在數線上以單位和子單位間隔與零的距離表徵整體關係。在圖 5-6 的任務中，學生必須爲數線上表徵的值選擇正確的數字表徵。從 0 到 1 的單位間隔的共同特徵是五等分，但沒有表徵從 1 到 2 的第二個單位間隔。該數線僅代表超過 1 的一個子單位（即 1 到 6/5 之間的間隔），因此學生必須對單位間隔與子單位間隔之間的關係進行推理，以識別正確的解決方案。

圖 5-6
學生對分數數線任務的回應

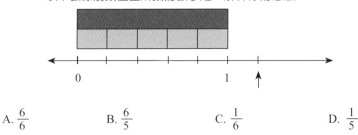

以下數線箭頭位置所指的數字是？解釋你的想法

A. $\dfrac{6}{6}$ B. $\dfrac{6}{5}$ C. $\dfrac{1}{6}$ D. $\dfrac{1}{5}$

　　任務支持評量和教學功能的能力，取決於教師對學生可能對策略和解決方案進行推理的方式的理解。為了支持教師，課程指南都提供了有關部分理解的可能模式的訊息。如表 5-3 的右列所示，課程指南說明了不同的解決方案，學生使用古氏積木作為測量工具的各種方式及典型的推理模式。為了支持任務的教學用途，課程指南還建議了支持學生對任務解決方案進行推理的技術，例如：學生演示的上下文，引發推理的查詢（例如您如何解決……？您使用了……原則嗎？），及反建議讓學生參與解釋其他學生的想法（例如另一位學生以這種方式解決了問題…… ）。當然，教師還可以創建自己的技術，使用任務來引發和建立學生的推理。

表 5-3
古氏積木任務之課程指南

樣本任務與說明	部分理解	更完整的理解
任務：讓學生思考線性單位和刻度標記值在 0 左右之間的協調。	專注於相等的間隔長度或熟悉的數字模式。例子：是「是」，因為數字在一側跳過計數 3、5、7，在另一側跳過 −3、−5、−7。是的，因為空格相等。	協調間隔長度和刻度線值。例：之所以選擇「否」，是因為間隔具有不同的值，但是長度都相同。從 0 到 3 的距離是 3，但是從 3 到 5 的距離是相同的，因此「5」應該是「6」。刻度線應在 0 的右側標記為 3、6、9，在 0 的左側標記為 −3、−6 和 −9。

樣本任務與說明	部分理解	更完整的理解
任務：透過讓學生參與推理區域中的分數與分數之間的關係（從 0 開始的距離）來引入「子單位」的新定義。（圖 5-5）	以數線上的刻度或間隔的計數來建立分母和分子值，並始終注意 0 或單位間隔的作用。 示例：是「a」。因為正方形顯示 1/4，所以我在數線上發現 1/4。我從刻度 0 到 2 之間計數了 4 個刻度，這是我的分母「4」，然後從 0 開始計數了 1 個刻度，這是我的分子「1」。 示例：是「b」。因為正方形顯示 1/4，所以我在線上發現 1/4。數線上的 1 與 1/4 中的「1」匹配，然後我在 1 和 2 之間計算了 4 個空格，而 4 個空格與 1/4 中的 4 匹配。	透過將 0 到 1 的間隔劃分為相等的段來建立分母值，透過對所有段進行計數來建立分母值，並透過對 0 到箭頭之間的段進行計數來建立分子值。 示例：是「c」。因為正方形顯示 1/4，在 c 中，箭頭指向 1/4 在 0 和 1 之間的距離。單位間隔分為四個相等的四分之一，所以「4」是分母，箭頭指向 1/4 的結尾刻度。
任務：引入分數大於 1 的分數，以幫助學生鞏固對分母（單位中子單位的總數量）和分子（子單位的數量）的理解。（圖 5-6）	將焦點放在分母和分子上，作為刻度標記或間隔的計數，而始終不注意 0 或單位間隔的作用。 示例：是「a」。我從 0 開始算了 6 個刻度，箭頭是在第六個，答案是 6/6。 示例：是「c」。我從 0 開始算了 6 個刻度，箭頭是在第六個，箭頭指的是大於 1 的一個刻度，所以答案是 1/6。 示例：是「d」。單位間隔中有 5 個子單位，箭頭是在大於 1 的一個刻度線，因此答案是 1/5。	透過將單位間隔劃分為相等的刻度來確定分母值，透過對所有刻度進行計數來確定分母值，並透過對 0 到箭頭之間的段進行計數來確定分子值。 示例：是「b」。因為單位間隔分為 5 個 1/5，等於五分之五。因此，「5」是分母，箭頭指向第六個 1/5 的刻度結尾，因此刻度線是 6/5。

■二■ 設計支持將任務用於評量和指導

Saxe 等人將運用數線表徵學習分數的 LMR 課程分為五個階段（如圖 5-6），每節課都從

1. 確立重點的開放問題開始：問題通常是非常規的任務，引發學生一系列的想法。
2. 開放討論揭示與課程重點相關的多樣性學生想法，為引導學生解決問題，教師鼓勵學生應用先前建立的相關「數線定義和原則」，在作業簿上制定記錄新定義。
3. 合作夥伴工作讓學生在定義和原則的支持下解決類似的問題。
4. 封閉性討論，課程序列和示例任務，漸進順序地描述整數和分數單位的定義和原理。
5. 結束討論。

此課程經由教學實驗後，學生在運用數線學習分數上獲得良好的成效。教學應以對學生思維的評量為基礎。如圖 5-7 所示，LMR 課程分為五個階段設計，這些階段將獨立工作，全班討論和合作夥伴工作結合在一起。在這些階段中，任務的內容和格式相似，但是在課程階段中，任務的功能在評量和教學之間轉移。考慮教師的教學開始於學生在幾個開放問題上的獨立工作，包括在圖 5-3 中心以不規則分隔的數線進行的任務。該課程指南提供了有關部分理解的可能模式的訊息，教師可以利用開放性問題作為評量這些模式的機會——勇於觀察學生的反應。在教室裡走來走去並不能幫助教師評量每個學生的理解程度，但是教師的走動確實可以讓教師蒐集有關多樣化數學思想的訊息，這些思想對於全班同學作為社群進行調查很重要。當教師發起開場討論時，教師指導班級對任務解決方案之間的衝突進行調查，並且任務的功能轉移到了教學上，為所有學生提供了推理和交流核心號碼線原則的機會。

圖 5-7
LMR 課程分為五個階段設計

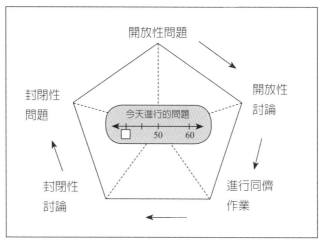

　　學生在開展任務時可以透過合作夥伴的工作來擴展他們在開場討論中的見解。透過提出針對性的問題來評量理解和支架推理及解決問題的能力，從而為學生提供支持。工作表按難度加以排序，評量學生的理解力，然後鼓勵成績較高的學生與需要幫助的學生一起工作，應對擴展問題。在最後的討論中，指導學生回顧合作夥伴的關鍵任務，教師提出了圖 5-8 中的任務，以幫助學生鞏固對單位間隔和多單元間隔定義的理解。如圖 5-7 所示，學生以不同的方式表徵他們對任務「數線上的標記 1、3 和 5」的解決方案。儘管大多數解決方案都是正確的，但學生的數線在多單位間隔的長度，包含 0 和單位間隔的表徵形式方面有所不同。學生正確解決方案之間的對比提供了機會，可以查看多單位間隔和單位間隔的定義，以及每一個數字在數字行上都占有一席之地的想法，但並非每一個數字都需要顯示。開始和結束問題中的並行任務（僅在數值上有所不同）使教師可以在課程結束時評量每位學生的學習進度，從而確定需要任何額外支持的學生。

圖 **5-8**

對單位間隔和多單元間隔的理解

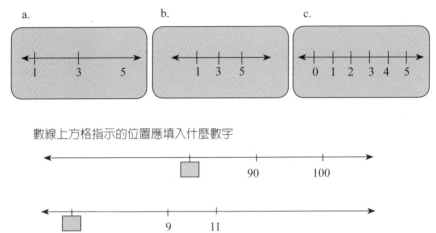

數線上方格指示的位置應填入什麼數字

　　該課程序列支持學習進度，因此評量可為整個課程過程提供形成性的指導。由於課程序列旨在支持學習的進展，因此課程中的最後問題都是課堂評量，可幫助教師預期學生對下一堂課的理解。課程進展如圖 5-9 所示。在第 1 節課中，由於班級研究發現了學生違反順序的數字行，他們同意建立順序原則，即數字從左向右遞增，從右向左遞減。在第 2 節課中，該班級研究了刻度線值與間隔長度不協調的數線，他們同意建立間隔和單位間隔的定義，以鞏固刻度線值和線性單位需要在數線上進行協調的思想。第 3 節課的任務透過向學生介紹多單元區間來擴展順序和單位區間的概念，及每個數字在數線上都有位置的想法，但並非每個數字都需要顯示。第 4 節課讓學生構造和推理不同長度的間隔。數字行標有 0 和一系列多單位間隔；為了找到新的點，學生需要擴展多單元系列並將多單元區間劃分為單元區間。

圖 5-9
數線圖課程進展

整數的課程

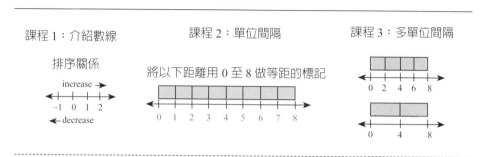

課程 1：介紹數線　　　課程 2：單位間隔　　　課程 3：多單位間隔

排序關係

increase ➜

–1　0　1　2

◄ decrease

將以下距離用 0 至 8 做等距的標記

0　1　2　3　4　5　6　7　8

0　2　4　6　8

0　4　8

課程 4：組合間隔　　　　　課程 5：發現數線上的未知數

將學校賽跑的距離畫出來

0　3　6　9　12

寫下數線上方格的數字

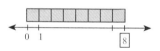

0　1　　　　　　8

　　在第 5 節課上課時，從第 4 課的結束問題中得知，某些學生在線性單位與刻度線值之間的關係方面存在持續的挑戰。例如圖 5-9 中：一些學生透過將 7 放置在 9 的位置（將間隔從 3 改爲 6 作爲單位間隔）來解決第 4課中的「放置 7」的問題，而其他學生則將 7 放置在 6 的右邊順序而不考慮單位和多單位間隔的長度。隨著開始每節新課程的學習，對上一堂課程即將結束的問題的回顧支持，使班級保持學習進度而努力的工作，重點是在數線上表徵出整數和分數。

三 關於課堂評量的思考

　　研究顯示，課堂評量是有效教學的重要組成部分，教師需要資源來幫助他們建立評量專業知識。教師可以諮詢出版物，這些出版物描述了涵蓋內容領域和年級層次的評量技術，但教師還需要將基於研究的評量技術

嵌入課程中。如果教師要在學生學習特定材料時「知道學生知道什麼」，課程開發者必須向教師提供針對性的評量和基於研究的訊息，以了解部分理解的典型模式。透過表徵學習數學課程闡述了一種評量方法。我們建議教師和課程開發人員可以將三個設計元素（任務設計、課程設計和課程排序）適應其他數學領域和其他年級的課程材料。

課程設計支持正在進行的課堂評量，教師和課程開發人員可以將課程設計擴展到其他課程材料。並行的開題和閉題可以提供學生進步的日常評量。當教師在合作夥伴工作中進行巡迴時，順序化的工作表可以支持差異化的教學，以探究學生的推理並確定哪些學生已準備好應對更多挑戰，哪些學生需要支持。公開討論可以為教師提供一個進入學生思想的窗口，因為學生可以公開他們如何將任務概念化及其他人的解決方法，這些課程組成部分並不是全新的想法。「熱身」和「馬上做」是課前評量的常用方法，「學習單」是課後評量的常用方法。可以使任務在開始問題、合作夥伴工作和結束問題之間保持一致，從而增強了教師衡量學生在課程學習過程中如何修正其理解的能力。

最後，課程序列被設計為學習進度，並且教師和課程開發人員可以利用類似的方法進行課程序列。例如：當老師與同事合作修改教材，使課程彼此借鑑時，他們可以修改即將結束的問題，以便提供學生準備下一堂課的訊息。對於學生而言，良好的學習進度有助於確保他們在一堂課中構築的新思想支持他們在下一堂課中的學習。對於教師而言，良好的進步提供了一個框架，以支持學生在整個序列中的進步。鑑於「課程綱要學習表現指標」中對學習進度的重視，我們希望教師將來能夠更多地使用基於研究性學習進度的課程。

第三節　課堂教學與評量設計應用

　　根據上述課堂教學與評量的設計與應用說明，整合相關設計之教學與評量的示例如下所示：

訂購漢堡

教學情境說明

　　小張和朋友到很快樂漢堡專賣店那裡購買漢堡。從先前的訂單中，知道帶有 2 種口味配料的中型漢堡的價格為 $ 140，帶有 5 種口味配料的中型漢堡的價格為 $ 200。

a. 假設很快樂漢堡專賣店附加到純漢堡中的每種口味配料都收取相同的費用，請確定每種口味配料的成本。

b. 如果你想訂購沒有附加口味配料的中型純漢堡，需要支付多少錢？

c. 寫下一條適用的規則，用以確定任何中型的很快樂漢堡專賣店販售漢堡的價格。

d. 你可以透過完成下面的表格完成解題。

完成以下表格：

種類	單純口味	配加 1 種	配加 2 種	配加 3 種	配加 4 種	配加 5 種	配加 6 種	配加 8 種	配加 10 種
價格			140			200			

　　針對任務設計後，教師可在教室裡進行課堂評量（教學及評量）。課堂評量是指獲取和解釋有關學生所學知識的證據，然後使用此訊息做出教學決策的過程。總結性評量涉及對學生的學習、進步或成就進行評量以分配成績或評量程序，而課堂評量則涉及對學習的評量，即在教學流程中蒐

集有關學生在做什麼，思考和學習方面的證據，然後利用這些證據為影響教學的決策提供依據。課堂有效的形成評量教學，包括：

1. 管理設計有效的課堂討論、問題和學習任務；

2. 促進學生對學習的自主權；並

3. 鼓勵學生互相學習資源。

管理有效的課堂討論

問題和學習任務至少涉及三個相互關聯的教學實踐：

1. 讓學生參與能夠提供對他們的思維的見解的任務。

2. 不僅從評量的角度，以解釋性的方式聆聽和分析學生的討論和寫作的資料。

3. 實施旨在使所有學生參與任務和討論的教學策略。

可以在課堂裡討論的問題如：

※你的漢堡表格上每種口味配料的價格在哪裡？

※這在表格上意味著什麼？

※就問題而言，未知數是什麼意思？

※你如何使用表格來查找任何漢堡的價格？

製作表格

製作一個具有 0 至 5（或更多）種口味配料的表格，並填寫 2 和 5 種口味配料的成本。然後確定由於將 2 和 5 種口味配料的成本分開計算得到的差價是 $ 60，因此每添加 1 種口味必須添加 $ 20。然後，可以使用「20 的差異」來完成表格。0 種口味配料將是 $ 100。

※表格中每種口味配料的價格在哪裡？

※表格上的純漢堡價格在哪裡？

※如何使用表格查找任何漢堡的成本？

四 用算術推理

確定如果 5 種口味配料的漢堡餅的價格爲 200 元，而 2 種口味配料的漢堡的價格爲 140 元，則成本差爲 60 元，口味配料數量的差爲 3。60÷3 = 20，因此每種口味配料是 $ 20。如果從 140 中減去 20，你將獲得 $ 120，這是 1 種口味配料，因此 0 種口味配料將是 $ 100。

※你如何找到純漢堡的成本？
※你如何找出任何漢堡的成本？
※給定任何兩個中號漢堡的價格，你是否可以使用你的方法查找配料的成本？

五 鼓勵學生回應

將兩個金額相減──請注意，一個漢堡餅的價格爲 200 元，另一個漢堡餅的價格爲 140 元，因此減去並計算出每種口味配料的成本爲 60/3 = 20。

※5 種口味配料比 2 種口味配料多多少錢？
※添加了多少種口味配料？
※你認爲 3 種口味配料漢堡要多少錢？爲什麼？
※你想找到什麼？
※這兩個漢堡有什麼不同？
※當你從 2 種口味配料增加到 5 種口味配料時，價格會如何變化？
※你認爲 2 種口味配料漢堡要多少錢？

六 寫出算式

漢堡的價錢 = $ 20t + $ 100　　t = 口味配料的數量

• 就問題的上下文而言，算式的每個部分意味著什麼？
• 如果每種口味配料的成本增加，你的算式將發生什麼變化？
• 如果純漢堡的成本增加，你的算式將發生什麼變化？

• 你認為繪製後的方程是什麼樣的？為什麼？

　　教師在課堂評量時，可以要求學生應該表現的敘述

※將口味配料的數量乘以 20，然後加上 $ 100。

※如何計算 3 種口味配料的漢堡的成本？10 種口味配料？

※可以將其寫為算式嗎？如何代表口味配料的數量？口味配料的數量和每種口味配料的成本有何關係？

※100 元是什麼？

※使用你的規則，一種口味配料漢堡要多少錢？2 種口味配料漢堡的價格是多少？

※每次都有什麼變化，什麼保持不變？

※1 種口味配料的漢堡要多少錢？

※2 種口味配料的漢堡要多少錢？

※添加更多種口味配料會有什麼變化？

※不管有多少種口味配料，什麼仍然不變？你能寫下你的想法嗎？

　　在教師專業發展的文獻中，Saclarides 等人（2022）將教學實踐的問題置於三個張力中：

1. 教學內容和教學法；

2. 理論與實踐相結合；

3. 促進數學教學中的社會背景。

　　此張力出現兩個重要的議題：

1. 教師需要更多的數學思維經驗、分析學生的數學思想及參與相關的數學內容知識以進行教學。

2. 數學教學活動的研發和教師實踐的連結很少，在協調教師準備教授數學概念所扮演的角色有所困難。本書的目標不僅是在支持師生進行知識的組織，而且強調在教學實踐中能透過專業發展提升教師數學教學專業知能，包括課堂教學與評量的任務設計，以達成數學教育的要求和解除上述 Saclarides 等人（2022）在教學實踐問題的三個張力。

第六章

數學探究教學與課堂評量範例 (一)

　　採用質性的評分規準應用於課堂評量，對於中小學的教師而言，已是司空見慣的事，教師若有整套的評分規準模式和評分策略，可以協助教師們針對學生學習的成效表現，做出客觀的評量。由於教學時間及資源限制的關係，教師們大多會採用檢核表的方式，檢驗學生的表現是否達到目標或要求的規準。由於檢核表的使用沒有經過實際信度及效度程序的檢驗，所以學生成就規準的評判就容易遭受到家長及學生質疑其客觀和有效性；另外，忽略了每位學生的特質以及各學科領域特殊的知識結構，「一表多用」浮濫的現象，早已讓檢核表的效用變成教師填答「是」或「否」的是非題，只是將原先顯現在學生選答的權益轉移至教師而已。

　　一位具有專業能力發展的教師，不僅在數學課程設計上能突破思想的窠臼、尊重多元文化，在教學表現上亦要能充分掌握資源、創新教法、因材施教，更能在學生學業評量上注重個別差異，提供「最大反應機會區」，充分的激發學生潛能。課程設計、教學及評量三者是交互結合一體，彼此不能欠缺的，有好的課程及教學系統，再配合合適的評分規準，才能增添教師對於學生教育輔導的績效和能力。本章內容以學生在教師設計的探究式問題情境之下，透過課堂的互動及討論，蒐集學生產出的動作解析說明、解題的說明與表達式產出等數學思維，作爲評分規準的基礎，不僅幫助教師們擴展對實際學生表現的了解，並鼓勵教師能不斷地自我省思，將數學探究式教學的內涵深入到意識中，並養成心智習性，依此解決其所面臨的課堂評量問題。以下就評分規準和課堂評量應用的範例加以介紹說明。

第一節　評分規準

壹、Rubrics 是什麼？

　　對於中、小學學生的成就表現評量而言，由於沒有基礎的模式和策略可以遵循，因此評分規準（scoring rubrics）儼然成為老師一項繁重又傷腦筋的工作。雖然課程綱要（教育部，2018）裡列舉了中小學數學領域必備的能力指標，惟其所包含的能力範疇太廣泛，也太抽象，且因城鄉差距頗大，學生學習表現有所差距，無法全盤應用於不同文化背景的學校環境，因此，老師急需根據學校的特色，建立一套質性評分的規準，以能在課堂裡客觀有效地將學生行為的表現具體描述出來。評分規準是由教師或其他評量者在學生任務時，導引其進行分析學生努力過程及結果所發展出的一種描述性的評分模式（Moskal, 2000）。評分規準特別使用在一些範圍廣泛、需要以質性判斷作為評量的學科或活動上。評分規準是相對於檢核表的一種使用於學業成就評量的評分量表，它被正式明確地當成評分的指引，使用在評量學生學業成就表現上的一種特殊、行為規準已經建立的評量，當我們要從學生的任務中評估其成就或是過程結果，評分規準是種特殊可資利用的評分工具（Mertler, 2001）。

貳、Rubrics 的類型及使用時機

　　評分規準在其使用的形式上，大致上可以分為兩組相對的類型，一組是一般性和特殊性任務的（General verses Task Specific）評分規準，另一組是分析性的和整體性（Analytic verses Holistic）的評分規準（陳嘉皇，2002）。

■一 一般性和特殊性任務的評分規準

　　評分規準可以針對學生特殊或包含較廣泛任務範疇的評量而設計。例如：學校既定的課程目標是要發展學生的數學話語溝通技巧，那麼就可以發展出一般性的評分規準，評量每一個學生的數學話語溝通表現，這種方式可以允許學生從最後的表現獲得回饋，而改善下次的成就表現。若是數學話語的表現注重在不同的時間發展歷程事件上，或是評量的目的在於評量給予學生的知識，那麼具有表現順序的一般性評分標就不適用。時間發展歷程的事件會因其影響性的因素及結果而有所差別，為了要評量出學生對此事件的事實和概念性的知識，必須要為每一個表現發展區別的評分規準。因此，特殊任務的評分規準就能針對單獨的評量事件，設計用來評量學生在某特殊階段的成就表現。

　　通常評分規準可以同時包含一般性和特殊性的任務兩個層面來設計，如果評量的目的在於評量學生的數學話語表現的技巧以及所討論的時間發展歷程事件的知識，那麼分析性的評分規準也可以融入到一般性和特殊性任務的評分規準模式中使用。評分規準中有關數學話語表現的因素，必須要包含一組發展好的評量數學話語表現的一般性評分規準；特殊性任務評分規準的因素則需包含一組發展好的特殊時間發展歷程事件的評分規準。

■二 分析性的和整體性的評分

　　發展評分規準的最初階段，評量者需要決定評量的規準是什麼。舉例來說，有兩個因素在評量數學解題任務時需要考量的，一個是數學解題任務時使用的思維是否合適，另一個是內容的理由主張說明是否具有說服力，那麼分析性的評分規準，像檢核表之類的評分工具，就可以允許針對這些因素，進行個別的評量。表 6-1 顯示的是在課堂師生互動時數學話語表達的分析性評分規準，其內容包含了上述評量任務所提出之兩項因素，

◇ 表 6-1
數學話語表達能力的分析性評分規準範例

評分等級	評分規準	描述的特徵
3 分	具有專業性報告所期待的數學解題特徵	* 數學資料內容容易領會，內容包含以下明顯的特徵： 1. 完全使用有效的數學概念的表徵轉換。 2. 使用專業的數學概念或話語呈現想法。 3. 使用的圖表能充分地描述且清楚地支持概念呈現的目的。 4. 資料清晰、簡潔，完全使用合適的數學概念。
2 分	適當的數學解題能力	* 呈現的數學資料內容容易領會，包含以下明顯的特徵： 1. 使用最基本的數學概念或話語轉換方式。 2. 使用較有結構性的數學概念或話語進行表達。 3. 提供一些支持概念目的的圖表，但敘述不是非常清楚。 * 概念資料顯示出少許的散亂，結合了在以下的形式明顯的特徵： (1) 思慮的流暢性。 (2) 呈現的圖表。 (3) 想法／技巧。
1 分	需要改進的數學解題能力	* 數學概念資料組織散亂，具有以下明顯的特徵不合適的概念或話語轉換： 1. 空泛無內容的數學概念或話語呈現。 2. 不充足及無關數學的內容。 3. 雜亂無章的圖表。 * 概念資料顯示出巨大的雜亂，並結合了在以下的形式明顯的特徵： (1) 思慮的流暢性。 (2) 呈現的圖表。 (3) 想法／技巧
0 分	不合宜的數學解題能力	* 數學概念內容或話語呈現沒有組織性。 * 數學概念或話語呈現無法閱讀及理解。

155

一項是解題策略表達的品質，一項是理由話語表達的說服力，每項因素都採取了個別的評分，當然每種規準也可以設計成數字的加權分數。然而，描述性的評分規準比數字評分在使用上，具有其了解學生特殊數學思維的優點，就是可以描述每種評量內容牽涉的分數層級所期望的行為是什麼，學生可以藉此資訊來改善其未來的學業成就表現。

　　當然，學業成就的評分規準不可能將它區分為明顯個別的因素加以評析，因為不同的因素之間會有重疊的規準存在，這時選用整體性的評分規準就較適切、合用。整體性的評分規準，顧名思義是將單獨的描述性的量表組合而成的一種模式，它可以支持對學生學習的歷程或結果品質較廣泛的注意及判斷。一個整體性評分規準的範例如表 6-2 所示。整體性的評分規準可以將分析性的評分規準當成一個分數的範疇而加以設計使用，但其主要的困難在於規準之間的重疊，尤其是整體性的判斷已經設定而其他需要評量的因素卻無法避免時。若評量的目的是為了安排晉級，這些重疊的部分就需小心地思考及控制，評量者此時要決定這些重疊部分是否可以形成確定的規準，且能夠將它加權評分，而非原先意圖所要的；另一方面，評量者更需小心，勿讓學生因為不必要的錯誤而遭受到非企圖性嚴厲的懲罰。

↻ 表 6-2

針對數學解題能力的整體性評分規準範例

評分等級	描述的特徵
5 分	對數學問題顯示出完全的理解，所有任務解題的必要條件都包含在反應中。
4 分	對數學問題顯示出合理的理解，所有的解題必要條件都包含了。
3 分	對數學問題顯示出部分的理解，大部分的解題必要條件都包含了。
2 分	對數學問題顯示出一些理解，許多的解題必要條件都遺漏了。
1 分	對數學問題顯示出不甚了解的行為。
0 分	對數學問題沒有反應／無法嘗試任務的行為

參、評分規準使用的時機

一 整體性評分規準使用時機

　　在評量的過程中，產生的誤差能夠被容忍，且能提供高程度的整體品質時，通常可以使用整體性的評分規準。另外，當評量的數學成就任務需要學生創造一些反應及無正確答案的限制時，例如：要求學生進行生成和省思的思維反應，整體性的評分規準或許會較為合適。使用整體性評分規準的評分報告其重點是以整體任務的品質、精通熟練，或是特殊性的內容技巧的理解為重點，因此，它只能包含單一層面的評量。對某些評分的過程而言，使用整體性的評分規準會較分析性的評分規準早，這是因為前者需要學生先完成成就或反應整體感受，所以適用於具有總結性評量特質的成就測驗上，例如：學生學期成就總體表現的描述。

二 分析性評分規準使用時機

　　分析性的評分規準通常是要評量非常重要的反應類型，才會被選擇使用。也就是成就任務只包含了一個或兩個可接受的反應，或是不具創造性的反應時才適用，例如再現或是記憶性的數學任務。因此，分析性的評分規準最初是由幾個個別分數形成，隨後才組成總評分數，所以可以使用在多層面的行為表現評量上。先前提到的，使用分析性評分規準時，評分的過程實際上會較慢，主要原因是在評量幾個不同技巧的特徵時，老師要重複幾次的檢驗這些結果，因此在建構分數和使用過程上較費時。雖然這樣，分析性的評分規準可以提供整體性評分規準所無法提供的每一項個別評分規準的回饋，形成區別學生行為表現強弱的檔案。這種評量模式可適用於各個學習領域行為目標的描述，因此老師在教學時，即應結合分析性的評分規準作為依據，一方面引導教學活動，一方面立即診斷學生學習的狀況，針對不足的能力進行補救教學。

肆、如何進行 Rubrics 的發展

當老師使用評分規準來評定學生一項數學任務的分數時,評分者相互之間及隨著時間的變化,評分的規準自始至終都應保持一致(亦即信度)。因此,有關評分規準發展時所採用的項目和名稱術語(term),所有的評分者都需要發展共同的理解。然而,要使評分的規準能夠在應用時發揮最大的一致性(consistent),那麼就要讓老師們接受評分規準發展的訓練。評分規準的發展大致可以分成以下幾個階段:

1. 藉由學生任務的描述,重新檢驗學習的目標:這可以藉由評分的規準引導教師的目標及教學活動。

2. 辨識教師想要看到(以及不想看到)的學生表現的學習結果、過程或成就,且可以辨識的、特殊可觀察的特徵。特別是可以看得見的特質、技巧或行為,以及共同的錯誤。

3. 進行腦力激盪,描述每一個任務屬性的特質。將學生的反應結果劃分為高、中、低三個層次(可以利用給予已經劃分好的範疇或進行粗略的判斷)。如果三個範疇之間的反應結果空間仍可再進行細分,那麼則需再做進一步的劃分。

4. 若是要發展整體性的評分規準,則用文字描述的方式寫下每一屬性中最優越及最貧乏的行為表現,隨後將已經完成最優越及貧乏描述的每一個屬性連結組合起來(若是要發展分析性的評分規準,無須將每一個屬性的描述組合連結)。

5. 接著,將這些集合的屬性中最優越及最貧乏之間的其他層級的評分規準描述出來,蒐集學生每一層級屬性範例任務的資料,詢問一些使用你所發展出來的模組,進行反應結果評分的人的意見和看法。

6. 針對學生相同的一組反應結果,將自己與其他老師所發展的評分模組進行比較。討論評分模組相異之處,並且釐清規準之間差異及不妥之處。

伍、為教學的班級設計完善的 Rubrics

　　數字的量化評量在使用上雖然簡潔、方便，可以將學生學業成就依常模參照的關係定出等級，惟在課程與教學的實施和評量上，無法兼重形成性與總結性評量的要求，評量結果也無法做出改進教學、編選教學計畫、提升學習成效、進行評量後檢討等有效的利用。量化的評量若能結合質性描述的評分規準模式，那麼不僅可提供學生了解其學習情形的回饋，提升學習成就，並能幫助教師達成「帶好每個孩子」的教育理想。當然，老師明瞭了「評分規準」的理念及實施方式後，應積極展現思考及實踐的能力，為教學的班級設計完善的 rubrics，使學生人人發揮多元智能，個個皆能創新進步。

第二節　探究教學與評量示例

　　由於課程、教學與評量合而一體、相互關聯為用，因此彼此之間連動，任何的變動都會影響到學生學習的表現與隨後教學策略和方法的調整；而班級評量首要之任務：是在師生互動的情境下，針對教師的佈題與提問，蒐集與彙整學生在課堂的反應與思維，加以分析與評核，進而作為評量的依據與未來調整教學內容和步驟的參考。鑒此，本節介紹的範例，即以 rubrics 發展的階段和規範作為基礎，從任務設計、學生數學解題思維的蒐集，和評分規準的設定，進行課堂評量的技術說明。

壹、神奇寶尺

※**適合實施的年級**：國小二、三年級
※**相關能力指標**

　* N-2-3 解題：加減應用問題。加數、被加數、減數、被減數未知之應

用解題。連結加與減的關係（R-2-4）。

* N-2-8 解題：兩步驟應用問題（加、減、乘）。加減混合、加與乘、減與乘之應用解題。不含併式。不含連乘。

* S-2-3 直尺操作：測量長度。報讀公分數。指定長度之線段作圖。

* N-3-7 解題：兩步驟應用問題（加減與除、連乘）。連乘、加與除、減與除之應用解題。不含併式。

* N-3-11 整數數線：認識數線，含報讀與標示。連結數序、長度、尺的經驗，理解在數線上做比較、加、減的意義。

一 情境問題的探索

校慶快到了，大家準備布置校園，老師要大家準備 20 公分的緞帶，拿了一根神奇寶尺（如下圖），要大家根據尺面上刻劃的數字進行測量，並把測量後的緞帶剪下，你會怎麼處理呢？

• 要如何知道怎麼計算出緞帶長度呢？

• 嘗試分解圖形並找到用於計算其長度的表達式。

• 提示：你能把這個不尋常的數值回溯到眾人所知的數值嗎？

教師佈題之後，要求學生觀察此把尺的特徵，將發現的數學問題提出，並嘗試解題和說明。

二 學生提出之數學問題與反應

1. 此把尺只有 1、4、5、11、13 等 5 個刻度的數字，不像一般的尺上面皆按順序標示出所有的數字。

2. 發現 4 和 5 之間的距離是 1 公分的長，11 和 13 之間的距離是 2 公分

的長，1 和 4 之間的距離是 3 公分的長，1 和 5 之間的距離是 4 公分的長，5 和 11 之間的距離是 6 公分的長，4 和 11 之間的距離是 7 公分的長……，沒有 5 公分的長度！刻度 1 的最前端是 0（原點）。

三 學生解題思維

策略 1

* 我用 2 公分當成一個單位，測量 10 次就是 20 公分，以算式 (13 − 11) × 10 = 20 表示。
* **動作解析說明**：我以較小的長度作爲單位，測量多次。
* **圖像表徵**

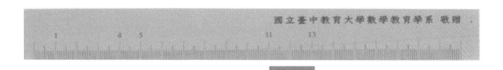

策略 2

* 我用 6 公分當成一個單位，測量了 3 次，再加上 2 公分就是 20 公分，以算式 (11 − 5) × 3 + (13 − 11) = 20 表示。
* **動作解析說明**：我把某長度加倍後，再加上部分測量的長度。
* **圖像表徵**

策略 3

* 我用 7 公分當成一個單位，測量 3 次，再減掉 1 公分是 20 公分，算式以 (11 − 4)×3 − (5 − 4) = 20 表示。
* **動作解析說明**：我用了兩種測量方法，減少了一個部分。
* **圖像表徵**

策略 4

* 我用 4 公分當成一個單位，測量 5 次就是 20 公分，以 (6 − 1)×4 = 20 表示。
* **動作解析說明**：我用較大的長度作為測量單位，測量的次數較少。
* **圖像表徵**

　　以上是學生利用神奇寶尺進行長度測量解題探究呈現的反應所蒐集到的數學解題思維，包含了算式的呈現、動作解析的說明及圖像表徵的策略和表現，教師可以針對這三項的表現各予以分析性評分規準的設定與應用，在教室裡針對學生實際的表現進行課堂評量，也可以將學生的這些反應設計成牌卡方式（如圖 6-1），整合組合成一根據算式的呈現、動作解析的說明及圖像表徵配對的方式，進行總結性評量，並依學生給予的反應之完整性給分，因學生反應了四項策略，因此全對者可予以 4 分規準，答對

3 類者給予 3 分，餘者依此類推給分。也可針對這四項策略表現的學生，連結其算式的呈現、動作解析的說明及圖像表徵，給予總結性的課堂評量，全部反應正確者給予3分，2項正確者給予2分，1項正確者給予1分。

四 進行形成性評量

圖 6-1
神奇寶尺卡牌任務配對作業

(一) 依算式→動作解析→圖像表徵進行反應

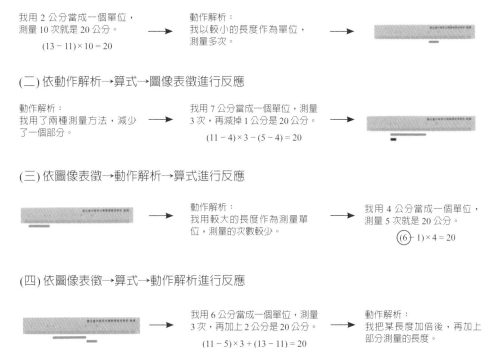

我用 2 公分當成一個單位，
測量 10 次就是 20 公分。

$(13 - 11) \times 10 = 20$

動作解析：
我以較小的長度作為單位，
測量多次。

(二) 依動作解析→算式→圖像表徵進行反應

動作解析：
我用了兩種測量方法，減少
了一個部分。

我用 7 公分當成一個單位，測量
3 次，再減掉 1 公分是 20 公分。

$(11 - 4) \times 3 - (5 - 4) = 20$

(三) 依圖像表徵→動作解析→算式進行反應

動作解析：
我用較大的長度作為測量單
位，測量的次數較少。

我用 4 公分當成一個單位，
測量 5 次就是 20 公分。

$(6 - 1) \times 4 = 20$

(四) 依圖像表徵→算式→動作解析進行反應

我用 6 公分當成一個單位，測量
3 次，再加上 2 公分是 20 公分。

$(11 - 5) \times 3 + (13 - 11) = 20$

動作解析：
我把某長度加倍後，再加上
部分測量的長度。

貳、分數的乘法

※適合實施的年級：國小五、六年級

※能力指標

* N-5-5 分數的乘法：整數乘以分數、分數乘以分數的意義。知道用約
  分簡化乘法計算。處理乘積一定比被乘數大的錯誤類型。透過分數計
  算的公式，知道乘法交換律在分數也成立。

* N-5-6 整數相除之分數表示：從分裝（測量）和平分的觀點，分別說
  明整數相除為分數之意義與合理性。

* N-5-7 分數除以整數：分數除以整數的意義。最後將問題轉化為乘以
  單位分數。

一 情境問題的探索

弟弟吃了多少餅乾？

哥哥說他吃了以下的餅乾（如下圖），弟弟很自豪地說他吃的餅乾是

哥哥的 $\frac{3}{2}$ 倍，弟弟吃了幾個餅乾？請把它畫出來，你會怎麼處理呢？

• 要怎麼知道如何計算出弟弟吃掉的餅乾呢？

• 嘗試分解圖形並找到用於計算吃掉餅乾的表達式。

• 提示：你能把這個不尋常的數值回溯到眾人所知的數值嗎？

教師佈題之後，要求學生觀察此問題的說明，將發現的數學問題提
出，並嘗試解題和說明。

學生提出之數學問題與反應

1. 哥哥吃掉的餅乾是 1 塊半，也可以說是 1.5 塊的餅乾，或 1 又 2 分之 1 塊的餅乾。

2. $\frac{3}{2}$ 可以說是 $1\frac{1}{2}$ 倍的意思，也可以說是 1 個整體的量再加上 $\frac{1}{2}$ 的整體量。

3. $\frac{3}{2}$ 是假分數，可以化成帶分數。

學生解題思維

策略 **1**

* $\frac{3}{2}$ 表示 1 又 2 分之 1 的意思，是一個整體量的餅乾，再加上 $\frac{1}{2}$ 個整體量的餅乾，可用算式

$$\frac{3}{2} \times \frac{3}{2} = \frac{3}{2} \times (1 + \frac{1}{2}) \text{ 表示}$$

* **動作解析說明**：假分數可以變成整數再加上分數。

* **圖像表徵**

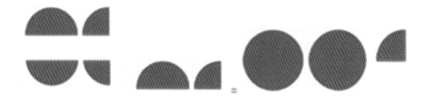

策略 **2**

* $\frac{3}{2}$ 表示有 3 個 $\frac{1}{2}$ 整體量的意思，亦即整體量先等分成 2 份後再乘以 3 倍，算式可以

$$\frac{3}{2} \times \frac{3}{2} = \frac{3}{2} \div 2 \times 3$$ 表示

* **動作解析說明**：我的分數的乘法，是利用先除以分母再乘以分子的方式計算。

* **圖像表徵**

策略 3

* $\frac{3}{2}$ 表示有 3 個整體量再等分的意思，亦即整體量先乘以 3 倍再等分成 2 份，算式可以

$$\frac{3}{2} \times \frac{3}{2} = \frac{3}{2} \times 3 \div 2$$ 表示

* **動作解析說明**：我的分數的乘法，是利用先乘以分子再除以分母的方式計算。

* **圖像表徵**

策略 4

* $\frac{3}{2}$ 倍可以想成是 $(2-\frac{1}{2})$ 倍的意思，亦即整體量的餅乾先變成成 2 倍後

  再減去 $\frac{1}{2}$ 倍整體量的餅乾，算式可以

  $\frac{3}{2} \times \frac{3}{2} = \frac{3}{2} \times (2-\frac{1}{2})$ 表示

* **動作解析說明**：我的分數的乘法，是利用先想成整數的倍數，再減去部
  分整體的方式計算。

* **圖像表徵**

　　以上是學生在分數乘法任務解題探究呈現的反應所蒐集到的數學解題
思維，包含了算式的呈現、動作解析的說明及圖像表徵的策略和表現，教
師可以針對這三項的表現各予以分析性評分規準的設定與應用，在教室裡
針對學生實際的表現進行課堂評量，也可以將學生的這些反應設計成牌卡
方式（如圖 6-2），整合組合成一根據算式的呈現、動作解析的說明及圖
像表徵連連看的方式，進行總結性評量，並依學生給予的反應之完整性給
分，因學生反應了四項策略，因此全對者可予以 4 分規準，答對 3 類者給
予 3 分，餘者依此類推給分。也可針對這四項策略表現的學生，連結其算
式的呈現、動作解析的說明及圖像表徵，給予總結性的課堂評量，全部反
應正確者給予 3 分，2 項正確者給予 2 分，1 項正確者給予 1 分。

四 進行形成性評量

圖 6-2

分數乘法卡牌任務連連看作業

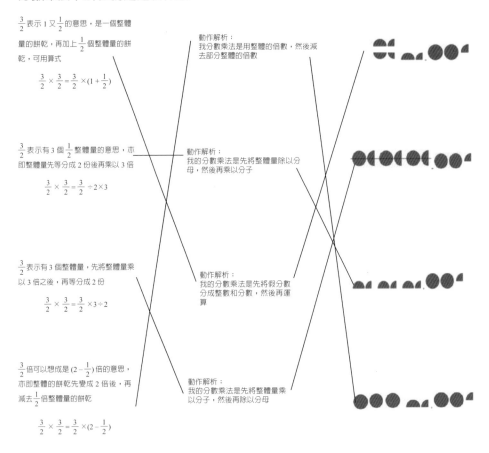

$\frac{3}{2}$ 表示 1 又 $\frac{1}{2}$ 的意思，是一個整體量的餅乾，再加上 $\frac{1}{2}$ 個整體量的餅乾，可用算式

$$\frac{3}{2} \times \frac{3}{2} = \frac{3}{2} \times (1 + \frac{1}{2})$$

$\frac{3}{2}$ 表示有 3 個 $\frac{1}{2}$ 整體量的意思，亦即整體量先等分成 2 份後再乘以 3 倍

$$\frac{3}{2} \times \frac{3}{2} = \frac{3}{2} \div 2 \times 3$$

$\frac{3}{2}$ 表示有 3 個整體量，先將整體量乘以 3 倍之後，再等分成 2 份

$$\frac{3}{2} \times \frac{3}{2} = \frac{3}{2} \times 3 \div 2$$

$\frac{3}{2}$ 倍可以想成是 $(2 - \frac{1}{2})$ 倍的意思，亦即整體的餅乾先變成 2 倍後，再減去 $\frac{1}{2}$ 倍整體量的餅乾

$$\frac{3}{2} \times \frac{3}{2} = \frac{3}{2} \times (2 - \frac{1}{2})$$

動作解析：
我分數乘法是用整體的倍數，然後減去部分整體的倍數

動作解析：
我的分數乘法是先將整體量除以分母，然後再乘以分子

動作解析：
我的分數乘法是先將假分數分成整數和分數，然後再運算

動作解析：
我的分數乘法是先將整體量乘以分子，然後再除以分母

參、閣樓小窗 —— 梯形面積公式

※**適合實施年級：五、六年級**

※**能力指標**

* S-5-2 三角形與四邊形的面積：操作活動與推理。利用切割重組，建

立面積公式，並能應用。

情境問題的探索

　　窗戶建造者經常需要計算特別的窗戶玻璃面積，就像這個閣樓的窗口一樣。

- 他要怎麼計算出窗口的面積呢？
- 嘗試分解圖形並找到用於計算其面積的表達式。
- 提示：你能把這個不尋常的數值回溯到眾人所知的數值嗎？

　　教師佈題之後，要求學生觀察此問題的特徵，將發現的數學問題提出，並嘗試解題和說明。

學生提出之數學問題

1. 梯形面積的公式是（上底＋下底）×高÷2。
2. 梯形面積可以經過分、合、宜、補的方式進行運算。

三 學生解題思維

策略 1

* **動作解析說明**：我把它加倍變成完整圖形之後，再將其減半。
* **圖像表徵**

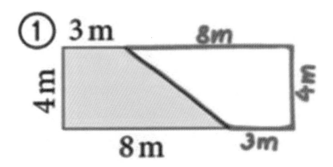

* 算式：$(3 + 8) \times 4 \div 2$

策略 2

* **動作解析說明**：我把它分開，移動了一個部分讓它變成完整的圖形。
* **圖像表徵**

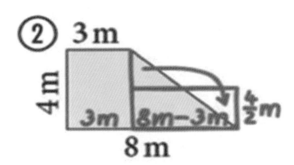

* 算式：$4 \times 3 + (8 - 3) \times \dfrac{4}{2}$

策略 3

* **動作解析說明**：我先補充了一些東西，讓它變完整的圖形之後，再減去它。
* **圖像表徵**

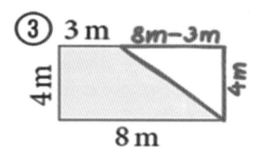

* 算式：$4 \times 8 - 4 \times (8 - 3) \div 2$

策略 4

* **動作解析說明**：我把圖形分開了兩部分，移動了一個部分。
* **圖像表徵**

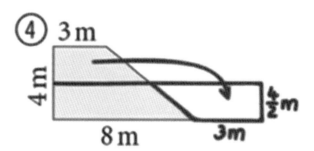

* 算式：$(8 + 3) \times \dfrac{4}{2}$

以上是學生在閣樓小窗——梯形面積公式任務，解題探究呈現的反應所蒐集到的數學解題思維，包含了算式的呈現、動作解析的說明以及圖像表徵的策略和表現，教師可以針對這三項的表現各予以分析性評分規準的設定與應用，在教室裡針對學生實際的表現進行課堂評量，也可以將學生的這些反應設計成牌卡方式（如圖 6-3），整合組合成一根據算式的呈現、動作解析的說明及圖像表徵連連看的方式，進行總結性評量，並依學生給予的反應之完整性給分，因學生反應了四項策略，因此全對者可予以 4 分規準，答對 3 類者給予 3 分，餘者依此類推給分。也可針對這四項策略表現的學生，連結其算式的呈現、動作解析的說明及圖像表徵，給予總結性的課堂評量，全部反應正確者給予 3 分，2 項正確者給予 2 分，1 項正確者給予 1 分。

四 進行形成性評量

圖 6-3

閣樓小窗——梯形面積公式任務分類作業

$(8 + 3) \times 4/2$　　　　　$(3 + 8) \times 4 \div 2$　　　　　$4 \times 3 + (8 - 3) \times 4/2$

$4 \times 8 - 4 \times (8 - 3) \div 2$

動作解析：
我把它分開了兩次，移動了一個部分。

動作解析：
我把它加倍變成完整圖形之後，再將其減半。

動作解析：
我補充了一些東西讓它變完整的圖形後，再減去它。

動作解析：
我把它分開，移動了一個部分讓它變成完整的圖形。

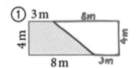

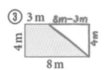

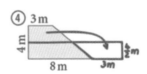

肆、鑽石寶藏

※適合實施年級：國小一、二年級
※能力指標

* N-2-3 解題：加減應用問題。加、被加數、減數、被減數未知之應用
  解題。連結加與減的關係（R-2-4）。

* N-2-8 解題：兩步驟應用問題（加、減、乘）。加減混合、加與乘、
  減與乘之應用解題。不含併式。不含連乘。

* D-2-1 分類與呈現：以操作活動為主。能蒐集、分類、記錄、呈現資
  料、生活物件或幾何形體。討論分類之中還可以再分類的情況。

情境問題的探索

　　阿寶和同學探險尋寶，在一處山洞裡找到了一堆鑽石，如下圖排
列，這些寶石它們總共有幾顆呢？請用一有規律的方式將它計算出來。

• 要如何知道怎麼計算出鑽石數量呢？

• 嘗試分解圖形並找到用於計算其數量的表達式。

• 提示：你能把這個不尋常的數值回溯到眾人所知的數值嗎？

　　教師佈題之後，要求學生觀察此問題的特徵，將發現的數學問題提出，並嘗試解題和說明。

二 學生提出之數學問題

1. 這些鑽石排列的形狀好像是個正方形。
2. 鑽石排列不管是由上往下，或由左至右，都是 1 → 3 → 5 → 7 → 5 → 3 → 1 的數量排列的方式。
3. 從中間的直線看，兩邊呈現一樣的排列。

三 學生解題思維

策略 1

* **動作解析說明**：我把它圈成幾個十字架之後，再計算全部的數量。
* **算式**：$1 \times 5 + (5 \times 4)$
* **圖像表徵**

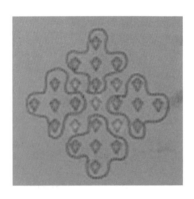

策略 2

* **動作解析說明**：我找出中心點之後，再圈成長方形和三角形的方式，然後再計算。

* 算式：$1 + (3 \times 4) + (3 \times 4)$
* 圖像表徵

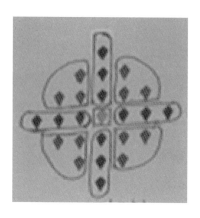

策略 **3**

* **動作解析說明**：我把它畫成正方形和三角形之後再計算。
* 算式：$(3 \times 3) + (4 \times 4)$
* 圖像表徵

策略 4

* **動作解析說明**：我利用中間的部分將圖形等分成兩份再計算。
* **算式**：$7 + (1 + 3 + 5) \times 2$
* **圖像表徵**

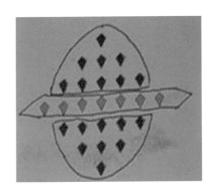

　　以上是學生在鑽石寶藏任務解題探究呈現的反應所蒐集到的數學解題思維，包含了算式的呈現、動作解析的說明及圖像表徵的策略和表現，教師可以針對這三項的表現各予以分析性評分規準的設定與應用，在教室裡針對學生實際的表現進行課堂評量，也可以將學生的這些反應設計成牌卡方式（如圖 6-4），整合組合成一根據算式的呈現、動作解析的說明及圖像表徵連連看的方式，進行總結性評量，並依學生給予的反應之完整性給分，因學生反應了四項策略，因此全對者可予以 4 分規準，答對 3 類者給予 3 分，餘者依此類推給分。也可針對這四項策略表現的學生，連結其算式的呈現、動作解析的說明及圖像表徵，給予總結性的課堂評量，全部反應正確者給予 3 分，2 項正確者給予 2 分，1 項正確者給予 1 分。

四 進行形成性評量

圖 6-4
鑽石寶藏任務連連看作業

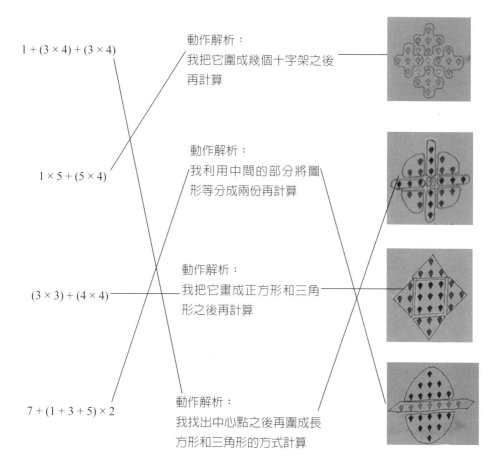

$1 + (3 \times 4) + (3 \times 4)$

動作解析：
我把它圍成幾個十字架之後
再計算

$1 \times 5 + (5 \times 4)$

動作解析：
我利用中間的部分將圖
形等分成兩份再計算

$(3 \times 3) + (4 \times 4)$

動作解析：
我把它畫成正方形和三角
形之後再計算

$7 + (1 + 3 + 5) \times 2$

動作解析：
我找出中心點之後再圍成長
方形和三角形的方式計算

伍、S 形狀排列

※適合實施年級：國小六年級

※能力指標

* N-6-9 解題：由問題中的數量關係，列出恰當的算式解題（同 R-6-

4）。可包含 (1) 複雜的模式（如座位排列模式）；(2) 較複雜的計數：乘法原理、加法原理或其混合；(3) 較複雜之情境：如年齡問題、流水問題、和差問題、雞兔問題。連結 R-6-2、R-6-3。

* R-6-2 數量關係：代數與函數的前置經驗。從具體情境或數量模式之活動出發，做觀察、推理、說明。

* R-6-3 數量關係的表示：代數與函數的前置經驗。將具體情境或模式中的數量關係，學習以文字或符號列出數量關係的關係式。

一 情境問題的探索

要在地上鋪上方塊，泥水匠將方塊組成 S 狀，如下圖，S 的形狀會隨著圖次而逐漸變大，想想看，如何呈現所需要方塊的公式？

• 要如何知道怎麼計算出方塊的數量呢？

• 嘗試分解圖形並找到用於計算其數量的表達式。

• 提示：你能把這個不尋常的數值回溯到眾人所知的數值嗎？

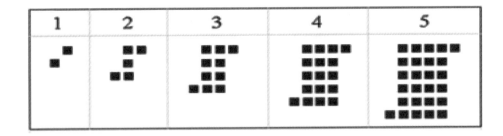

教師佈題之後，要求學生觀察此問題的特徵，將發現的數學問題提出，並嘗試解題和說明。

二 學生提出之數學問題

1. 這些圖形裡方塊的排列好像兩邊都是 2 個正方形，增加中間直行的正方形方塊。

2. 這些圖形方塊的排列可以看出是中間的長方形加上 2 個方塊。

3. 第 2 個圖增加中間 1 條長方形的方塊，第 3 個圖增加中間 2 條長方形的方塊，第 4 個圖增加中間 3 條長方形的方塊，第 5 個圖增加中間 4 條長方形的方塊。

三 學生解題思維

策略 1

* 算式：$y = (n + 1)(n - 1) + 2$

* 動作解析說明

我看到一個矩形和兩個額外的方塊。在每種情況下，矩形的寬度都比圖案編號少 1 塊，而高度則多 1 塊。因此，矩形的面積加上兩個額外的方塊。

* 圖像表徵

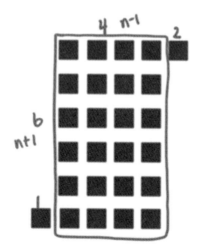

策略 2

* 算式：$y = (n^2 + 1)$

* **動作解析說明**

　　我發現可以移動每個圖中最上面一行的圖塊，使其填充到左列。在每種情況下，都有一個正方形和一個方塊。

* **圖像表徵**

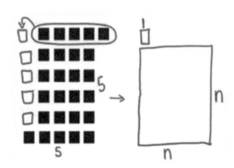

策略 3

* 算式：$y = (n - 1)^2 + 2n$

* **動作解析說明**

　　我看到了一個正方形，將圖案中的每個圖形視為頂行、底行和它們之間的正方形。每個圖中正方形的邊長總是比圖號少 1，並且頂行和底行的長度與圖號相同。

* **圖像表徵**

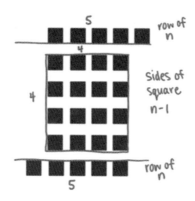

策略 4

* **算式：** $y = (n + 1)^2 - 2n$
* **動作解析說明**

　　我想像成完整的矩形都充滿了方塊。這是一個邊長比數字多 1 的正方形。但必須在每邊添加 5 個方塊才能完成正方形。必須減去 2n，因爲它們實際上並不是正方形的一部分。

* **圖像表徵**

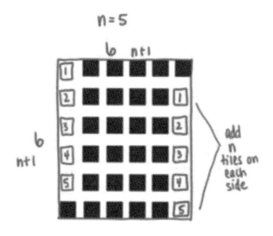

策略 5

* 算式：y = n(n + 1) – (n – 1)
* **動作解析說明**

　　我把 S 形變成 C 形。將底排的瓷磚向右移動一格，看到一缺少幾個方塊的矩形。該矩形寬 5 個，高 6 個，缺少 4 個。我發現它總是寬 n 個，高 n + 1 個，缺少 n – 1 個。

* **圖像表徵**

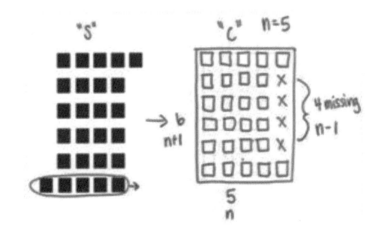

　　以上是學生在 S 形狀排列任務解題探究呈現的反應所蒐集到的數學解題思維，包含了算式的呈現、動作解析的說明及圖像表徵的策略和表現，教師可以針對這三項的表現各予以分析性評分規準的設定與應用，在教室裡針對學生實際的表現進行課堂評量，也可以將學生的這些反應設計成牌卡方式（如圖 6-5），整合組合成一根據算式的呈現、動作解析的說明及圖像表徵配對的方式，進行總結性評量，並依學生給予的反應之完整性給分，因學生反應了五項策略，因此全對者可予以 5 分規準，答對 4 類者給予 4 分，餘者依此類推給分。也可針對這五項策略表現的學生，連結其算式的呈現、動作解析的說明及圖像表徵，給予總結性的課堂評量，依其反應分別給予 5 分、4 分等不同分數。

四 進行形成性評量

圖 6-5
S 形狀排列任務配對作業

(一) 依算式→動作解析→圖像表徵進行反應

$y = (n + 1)(n - 1) + 2$ ⟶ 我看到一個矩形和 2 個額外的方塊。在每種情況下，矩形的寬度都比圖案編號少 1，而高度則多 1。因此，矩形的面積加上兩個額外的方塊。 ⟶

(二) 依動作解析→算式→圖像表徵進行反應

我發現可以移動每個圖中最上面一行的圖塊，使其填充左列。在每種情況下，都有一個正方形和一個方塊。 ⟶ $y = (n^2 + 1)$ ⟶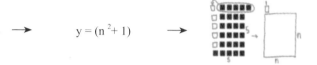

(三) 依算式→圖像表徵→動作解析進行反應

$y = (n - 1)^2 + 2n$ ⟶ 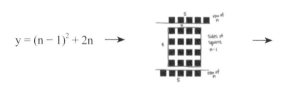 ⟶ 我看到了一個正方形，將圖案中的每個圖形視為頂行、底行和它們之間的正方形。每個圖中正方形的邊長總是比圖號少 1，並且頂行和底行的長度與圖號相同。

(四) 依圖像表徵→動作解析→算式進行反應

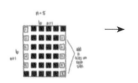 ⟶ 我想像成完整的矩形都充滿了方塊。這是一個邊長比數字多 1 的正方形。但必須在每邊添加 5 個方塊才能完成正方形。必須減去 2n，因為它們實際上並不是正方形的一部分。 ⟶ $y = (n + 1)^2 - 2n$

(五) 依圖像表徵→算式→動作解析進行反應

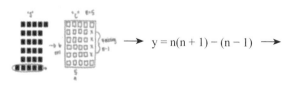 ⟶ $y = n(n + 1) - (n - 1)$ ⟶ 我把 S 形變成 C 形。將底排的瓷磚向右移動一格，看到一缺少幾個方塊的矩形，該矩形寬 5 個，高 6 個，缺少 4 個。我發現它總是寬 n 個，高 n + 1 個，缺少 n - 1 個。

陸、宴客

※適合實施年級：國小六年級

※能力指標

* N-6-9 解題：由問題中的數量關係，列出恰當的算式解題（同 R-6-4）。可包含 (1) 複雜的模式（如座位排列模式）；(2) 較複雜的計數：乘法原理、加法原理或其混合；(3) 較複雜之情境：如年齡問題、流水問題、和差問題、雞兔問題。連結 R-6-2、R-6-3。

* R-6-2 數量關係：代數與函數的前置經驗。從具體情境或數量模式之活動出發，做觀察、推理、說明。

* R-6-3 數量關係的表示：代數與函數的前置經驗。將具體情境或模式中的數量關係，學習以文字或符號列出數量關係的關係式。

一 情境問題的探索

　　宴會廳的桌子是正六邊形，每邊都有一個座位，一張桌子可以容納 6 個人。為了在婚宴上騰出更多的跳舞空間，工作人員將桌子沿著房間的一側排成一長排。將桌子連接在一起時，看起來就像圖片一樣。一長排 10 張桌子可以坐多少位客人？

• 要如何知道怎麼計算出宴客時參與的人數數量呢？

• 嘗試分解圖形並找到用於計算其數量的表達式。

• 提示：你能把這個不尋常的數值回溯到眾人所知的數值嗎？

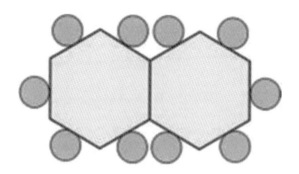

　　教師佈題之後，要求學生觀察此問題的特徵，將發現的數學問題提出，並嘗試解題和說明。

二、學生提出之數學問題

1. 正六邊形每邊都安排人的話，每張桌子可以坐上 6 個人，但兩張併在一起時，接觸的地方不能坐人，就會少坐 2 個人。
2. 兩張桌子併在一起會有 1 個接觸的地方，3 張桌子併在一起會有 2 個接觸的地方，4 張桌子併在一起會有 3 個接觸的地方，接觸的數目較桌子數目少 1。
3. 不管幾張桌子併起來，都可以看見桌子的左右兩邊都會坐 1 個人。

三、學生解題思維

策略 1

* **動作解析說明**

　　在每張桌子的頂部放兩個點，在底部放兩個點，因此所有 10 張桌子上至少有四個點。在左右兩端各放一個點。

* **算式**：4(10) + 2 = 42

* **圖像表徵**

策略 **2**

* **算式**：2(10) + 2(10) + 2 = 42
* **動作解析說明**

　　在每張桌子的頂部放 2 個點（2 × 10 = 20）。在每張桌子的底部也放 2 個點（2 × 10 = 20）。在左右兩端各放 1 個點。

* **圖像表徵**

策略 **3**

* **動作解析說明**

　　每張桌子可容納 6 個人。但當兩張桌子放在一起時，每張桌子都會失去 1 個座位，每次連接都會失去 2 個座位。10 張桌子有 9 個連接。因此，必須從 6(10) 中減去 2(9)。

* **算式**：6(10) − 2(9) = 42
* **圖像表徵**

策略 4

* **算式**：4(8) + 5(2) = 42
* **動作解析說明**

　　桌子鏈中的左右兩個均可容納 5 人（5 × 2 或 10 人）。多張桌子組成的鏈條中的內部桌子每張可容納 4 人。因此，10 張桌子的鏈條，4 × 8 或 32 個人。

* **圖像表徵**

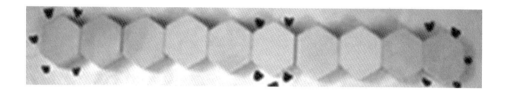

策略 5

* **動作解析說明**

　　一張桌子可容納 6 個人；2 張桌子可容納 10 個人；3 張桌子可容納 14 個人。每增加一張新桌子，就會再增加 4 人。因此，10 張桌子可容納 42 個人。

* **算式**：42 個人如表格所示或透過圖案擴展

* **圖像表徵**

No. of tables	No. of seats
1	6
2	10
3	14
4	18
5	22
6	26
7	30
8	34
9	38
10	42

　　以上是學生在宴客任務解題探究呈現的反應所蒐集到的數學解題思維，包含了算式的呈現、動作解析的說明及圖像表徵的策略和表現，教師可以針對這三項的表現各予以分析性評分規準的設定與應用，在教室裡針對學生實際的表現進行課堂評量，也可以將學生的這些反應設計成牌卡的方式（如圖 6-6），整合組合成一根據算式的呈現、動作解析的說明及圖像表徵分類的方式，進行總結性評量，並依學生給予的反應之完整性給分，因學生反應了五項策略，因此全對者可予以 5 分規準，答對 4 類者給予 4 分，餘者依此類推給分。也可針對這五項策略表現的學生，連結其算式的呈現、動作解析的說明及圖像表徵，給予總結性的課堂評量，依其反應分別給予 5 分、4 分等不同分數。

四 進行形成性評量

圖 6-6
宴客任務分類作業

$$4(10) + 2 = 42$$

$$2(10) + 2(10) + 2 = 42$$

$$6(10) - 2(9) = 42$$

$$4(8) + 5(2) = 42$$

在每張桌子的頂部放兩個點，在底部放兩個點，因此所有 10 張桌子上至少有四個點。在左右兩端各放一個點。

在每張桌子的頂部放 2 個點（2×10 = 20）。在每張桌子的底部也放 2 個點（2×10 = 20）。在左右兩端各放 1 個點。

一張桌子可容納 6 個人；2 張桌子可容納 10 個人；3 張桌子可容納 14 個人。每增加一張新桌子，就會再增加 4 人。因此，10 張桌子可容納 42 個人。

桌子鏈中的左右兩個均可容納 5 人（5×2 或 10 人）。多張桌子組成的鏈條中的內部桌子每張可容納 4 人。因此，10 張桌子的鏈條，4×8 或 32 個人。

No. of tables	No. of seats
1	6
2	10
3	14
4	18
5	22
6	26
7	30
8	34
9	38
10	42

每張桌子可容納 6 個人。但當兩張桌子放在一起時，每張桌子都會失去 1 個座位，每次連接都會失去 2 個座位。10 張桌子有 9 個連接。因此，必須從 6(10) 中減去 2(9)。

宴會廳的桌子是正六邊形，每邊都有一個座位，一張桌子可以容納 6 個人。為了在婚宴上騰出更多的跳舞空間，工作人員將桌子沿著房間的一側排成一長排。將桌子連接在一起時，看起來就像圖片一樣。一長排 10 張桌子可以坐多少位客人？

第三節　建議與省思

讀者參閱上述探究教學與課堂評量之範例後，鼓勵進一步嘗試設計出符合自己課堂需求之任務，因應有效教學與客觀評量學生表現之挑戰。在設計數學素養任務的歷程，仍須掌握第五章所提及實施任務設計時涉及之步驟及要點，包括：

一 設定教學目標

上述範例皆依循課程綱要能力指標要求，配合學生生活情境提供探究任務，要求學生在課室裡進行討論，將所學與可應用之數學知識與技能用於解題。任務的設計採取開放式作答方式，激發學生觀察，辨識、溝通、臆測、辯證與一般化，並非單獨算出答案而已，希冀學生能充分呈現數學素養所需之能力與經驗。

二 臆測學生解題表現

除要求學生針對提供之數學任務進行探索，提供有效之數學思維外，教師仍需進行提升教學之專業發展，積極主動與同儕討論教學進程，廣泛蒐集學生可能之表現與產出之概念類型，以能判斷與解釋學生數學思維之內涵與重點，並能對學生之說明與反應做適切的回應，進一步調整教學方法與評量內容。

三 利用學生表現進行評分規準制定

作者針對上述的範例，從學生對解題的動作解析說明、圖像表徵的呈現與算式呈現的數學思維三個層面，蒐集學生的解題表現。從範例展現的內容可以發現學生解題思維多元，即便正確亦有多種解題方式，錯誤或不完整之解題方式不乏其人，教師可以針對全班學生所蒐集之解題表現資料

加以分類,以了解學生解題時常用之策略與思維,進行教學順序之安排,逐步呈現學生數學知識建構之連結,協助學生鞏固數學知識之建立;另從學生解題策略之解題,亦能協助教師思考總結性與分析性評量內容可用之素材,與學生生活和解題經驗做連結,讓學生明白學習數學之效用與價值,且較能客觀正確的評估學生所學與表現。

四 進行課堂評量、修正與調整評分規準

課堂評量的方式首重形成性評量,因此需考量可配合教學歷程實施,除了紙筆寫作方式外,尚可應用對話、操作和遊戲方式進行。本書作者將學生在算式、動作表徵說明與圖像表徵的表現加以設計成牌卡方式,在課堂裡進行連連看、配對與分類的遊戲,除考驗學生課堂學習成效之外,亦提升了學生參與課堂學習的意願和動機。甚至於形成性評量的方式採用了課室討論、話語實踐、多元表徵和數學思維所需具整合和系統的方式,學生面對評量作業時,並非採用單一能力即可克服,尚須借用同儕提供之知識技能才能迎刃而解,間接地培養互動、共好的精神。此種評量方式實施後,從日後學生表現的追蹤,亦發現學生學習態度變成積極,且對數學學習更加有動力,學習表現亦大幅度增進。因此數學探究教學與課堂評量的實施,對於支持十二年國教的推行是一良好的助力,亦是協助精進數學教導和學習刻不容緩的措施。

第七章

數學探究教學與課堂評量範例 (二)

　　數學教育要能成功，其重點在於可以創造學生最佳化學習數學的機會（Carpenter & Lehrer, 1999）。支持數學理解的一種有效方法是積極地運用表徵以呈現數學概念，幫助學生發展對數學的深刻理解（Lesh, Post, & Behr, 1987; Ng & Lee, 2009）。但並不是所有的表徵形式都能完善地呈現數學的意義，有時也會忽略了一些重要的概念，所以可以充分利用各種表徵具備的特性知識，對一些不容易呈現的概念進行更深入的理解，協助學生從中建立與聯繫數學概念，獲得該概念客觀化和廣義的數學知識（Goldin, 2003）。近來，覺察（noticing）技術應用於課室裡教師專業發展的研究甚多，Jacobs 等人（2010）的覺察架構構成教師專業學習社群課程覺察的技能集合，這些覺察技能分成三個階段，即參與、詮釋和回應。鑒此，透過教師覺察學生應用表徵進行任務解題，特別是進行數學思維的變化和發展，是教師的專業教學發展和實踐的重要課題。

　　課堂評量首重蒐集學生的數學思維表現和發展，有效的數學教學是以深刻而細微的方式發現並理解學生的思維。學生呈現其思維可透過各種表徵展示其想法，除了在課室裡利用口語表達之外，也可利用書寫以協助教師密切關注學生的工作，確定學生對數學概念的理解，並決定後續的教學動作。數學思維包括了學生用來解決問題、創建表徵形式和進行論證的想法（Empson & Jacobs, 2008），當教師對學生的思維有更多的了解時，學生會學到更多的數學概念（Empson & Jacobs, 2008）。以下茲舉例從課堂討論蒐集學生對任務的發想及生成產出的解題表現，加以彙整後，進行課堂評量的範例說明。

第一節　疊罐成塔

※適合實施的年級：國小六年級、國中一年級

※相關能力指標

* S-5-5 正方體和長方體：計算正方體和長方體的體積與表面積。正方體與長方體的體積公式。

* S-5-3 扇形：扇形的定義。「圓心角」。扇形可視為圓的一部分。將扇形與分數結合（幾分之幾圓）。能畫出指定扇形。

* S-6-3 圓周率、圓周長、圓面積、扇形面積：用分割說明圓面積公式。求扇形弧長與面積。知道以下三個比相等：(1) 圓心角：360；(2) 扇形弧長：圓周長；(3) 扇形面積：圓面積，但應用問題只處理用 (1) 求弧長或面積。

* R-6-2 數量關係：代數與函數的前置經驗。從具體情境或數量模式之活動出發，做觀察、推理、說明。

* R-6-3 數量關係的表示：代數與函數的前置經驗。將具體情境或模式中的數量關係，學習以文字或符號列出數量關係的關係式。

━ 情境問題的探索

1. 要用多長的膠帶？

　　運動會時，家長送來了許多罐裝的運動飲料，老師安排了一項堆堆樂的遊戲，如下圖，要求同學們利用圖像排列的方式，看看哪組同學最先將 10 罐的運動飲料排好，然後用膠帶綑綁住，讓它固定，形成一尖塔，想想看，10 罐運動飲料形成的尖塔最少需要用到多長的膠帶綑綁呢？

• 要如何知道怎麼計算出圍繞運動飲料罐的膠帶長度呢？

• 嘗試分解圖形並找到用於計算其長度的表達式。

• 提示：你能把這個不尋常的數值回溯到眾人所知的數值嗎？

2. 如果將兩種一樣大小的運動飲料如下圖排列（底面），哪一種包裝所用
   的盒子紙張會較少？

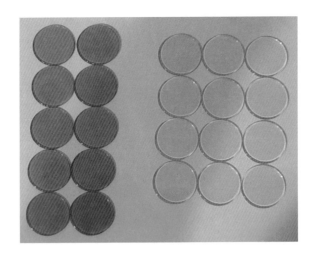

- 要如何知道怎麼計算出圍繞運動飲料罐的膠帶長度呢？
- 要如何知道怎麼計算出運動飲料罐裝箱所用的紙張大小呢？
- 嘗試分解圖形並找到用於計算其膠帶長度和紙張面積的表達式。
- 提示：你能把這個不尋常的數值回溯到眾人所知的數值嗎？教師佈題之
  後，要求學生觀察此罐裝飲料排列的特徵，將發現的數學問題提出，
  並嘗試解題和說明。

二 學生提出之數學問題與反應

1. 每罐飲料都是圓柱體，它們底面的面積都一樣，每罐都一樣高。
2. 每一罐的運動飲料的直徑測量後都是 6 公分，所以半徑都是 3 公分。
3. 運動飲料罐堆疊起來的形狀像是正三角形，從任何一邊看數目都是一樣，但是形狀中每個角都成圓弧狀，好像扇形。
4. 要解決運動飲料堆疊後所需用到的膠帶長，需要考慮到運動飲料罐子底面的直徑、半徑、圓周和弧長，所以面積的公式都要用到。
5. 包裝實際用到的盒子紙張面積需要考慮到罐子的柱高，因此要算出包裝後此物體形狀的表面積。
6. 裝罐用的盒子左邊的底面形狀較像長方形，右邊的比較像是正方形。

三 學生解題思維

　　有關學生在此任務的數學解題思維及表現，茲分成：(1) 運動飲料排列後所需膠帶長度考量因素之思維；(2) 計算所需膠帶長度歸納出的表列式；(3) 飲料裝箱包裝所需紙張的面積等三方面加以陳述學生的反應，並根據學生反應加以分析歸類，制定與呈現三種解題表現及思維的評分規準範例，藉由提供學生探究問題、鼓勵課堂討論與分享、歸類蒐集的學生反應，進一步提出與設計課堂評量。

　　(一) 思考飲料排列後計算膠帶長度時須考量的因素

學生反應 1

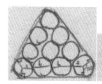

圓周長 切線 圓周率 直徑 半徑 扇形

學生反應 2

學生反應 3

學生反應 4

　　根據課堂上老師的說明後，教師蒐集學生對於問題解題時產出的思維步驟及解題所需考量的因素，依照學生繪出之舒跑飲料排列圖像及考量的解題因素，將這些資料分類加以解析，在課堂上利用形成性評量之分析性評分規準，將學生的表現進行評量，其評分規準如表 7-1 所示：

♪ 表 7-1

堆疊運動飲料罐之考量因素的分析性評分規準

評分等級	評分規準	描述的特徵	反應類型
3 分	具有專業性報告所期待的數學解題特徵	* 數學圖像的內容容易領會，內容包含以下明顯的特徵： 1. 完全使用有效的數學概念的表徵轉換。 2. 使用專業的數學概念或話語呈現想法。 3. 使用的圖表能充分描述且清楚地支持概念呈現的目的。 4. 資料清晰、簡潔，完全使用合適的數學概念。	反應 1
2 分	適當的數學解題能力	* 呈現的數學圖像內容容易領會，包含以下明顯的特徵： 1. 使用最基本的數學概念或話語說明表徵。 2. 使用較有結構性的數學圖像或話語進行表達。 3. 提供一些支持概念目的的圖表，但敘述不是非常清楚。 * 概念資料顯示出少許的散亂，結合了在以下的形式明顯的特徵： (1) 思慮的流暢性。 (2) 呈現的圖表。 (3) 想法 / 技巧。	反應 2
1 分	需要改進的數學解題能力	* 數學概念資料組織散亂，具有以下明顯的特徵不合適的概念或話語轉換： 1. 圖像內容以不完整數學概念或話語呈現。 2. 不充足及無關數學的內容。 3. 雜亂無章的圖像。 * 概念資料顯示出巨大的雜亂，並結合了在以下的形式明顯的特徵： (1) 思慮的流暢性。 (2) 呈現的圖表。 (3) 想法 / 技巧。	反應 3 與 4
0 分	不合宜的數學解題能力	* 數學圖像內容或話語呈現沒有組織性。 * 數學圖像的概念或話語呈現無法閱讀及理解。	

此規準在於學生須先計畫 10 罐運動飲料最後堆疊成的形狀，將其正確描繪出來，從圖像及其解題考量的因素，判斷其解題所需運用的要素是否充足及明確。

(二) 計算膠帶長度時歸納出的公式

學生反應 1

$$6\pi + 6 \times 3 \times 3 = 54 + 6\pi$$

學生反應 2

$18 \times 3 + 2\pi \times 3 = 54 + 6\pi$，先計算直線使用的長度，再加上圓弧的長度。

(半徑×6×3)　　　　(直徑×π×$\frac{120°}{360°}$×3)

學生反應 3

$$(3 \times 6) \times 3 + (2 \times 3 \times \pi) = 54 + 6\pi$$

學生反應 4

$6 \times \frac{120}{360} \times \pi = 2\pi \Rightarrow 3$個 $\Rightarrow 6\pi$

$(3 \times 2 + 6 \times 2) \times 3 = 54$　→ $6\pi + 54$ cm

♂ 表 7-2
針對學生數學公式的分析性評分規準

評分 等級	評分規準	描述的特徵	反應 類型
3 分	具有專業性報告所期待的數學解題特徵	* 呈現的數學公式容易領會，內容包含以下明顯的特徵： 1. 完全使用有效的數學概念的公式轉換。 2. 使用專業的數學概念或話語呈現想法。 3. 使用的公式描述清楚地支持概念呈現的目的。 4. 資料清晰、簡潔，完全使用合適的數學概念。	反應 2 與 4
2 分	適當的數學解題能力	* 呈現的數學公式內容容易領會，包含以下明顯的特徵： 1. 使用最基本的數學概念或話語轉換方式。 2. 使用較有結構性的數學概念或話語進行表達。 3. 提供支持概念目的的公式，但敘述不是非常清楚。 * 概念資料顯示出少許的散亂，結合了在以下的形式明顯的特徵： (1) 思慮的流暢性。 (2) 呈現的圖表。 (3) 想法 / 技巧。	反應 1 與 3
1 分	需要改進的數學解題能力	* 數學概念資料組織散亂，具有以下明顯的特徵不合適的概念或話語轉換： 1. 空泛無內容的數學概念或話語呈現。 2. 不充足及無關數學的內容。 3. 雜亂無章的公式。 * 概念資料顯示出巨大的雜亂，並結合了以下的形式明顯的特徵： (1) 思慮的流暢性。 (2) 呈現的公式說明。 (3) 想法 / 技巧。	
0 分	不合宜的數學解題能力	* 數學概念內容或話語呈現沒有組織性。 * 數學概念或話語呈現無法閱讀及理解。	

　　從學生寫出之表達式，並透過課堂討論和分享，學生反應 2 與 4 清楚地描述出解題時步驟和相關元素之間的關係，在溝通交流上較易讓其他同學明瞭，因此在評量上較為高分；而學生反應 1 與 3 雖也呈現出正確之表達式，惟在說明 $6 \times 3 \times 3$ 與 $(3 \times 6) \times 3$ 時，概念混淆，因此評量得分較低。

(三) 運動飲料裝箱包裝應用解題表現

　　此問題在於檢測學生對於周長和面積概念的理解，並在問題情境下能掌握解題時相同的變項，而利用簡潔有效的思維判斷出包裝運動飲料時所需紙張，並在與同儕溝通交流時能清楚說明解題策略，以下為學生在解題時呈現之表現，將之呈現如後，並依學生表現進行整體性評量規準之分析與設定。

學生反應 1

學生反應 2

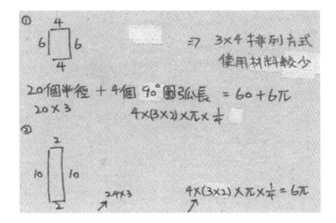

學生反應 3

裝箱 → 長方形

左： $(24+18) \times 2 = 84$ →少

右： $(36+12) \times 2 = 96$

學生反應 4

$18 \times 24 + 2 \times (18 \times 15) + 2 \times (24 \times 15)$

$= 432 + 540 + 720 = 1692$

$12 \times 36 + 2 \times (12 \times 15) + 2 \times (36 \times 15)$

$= 432 + 360 + 1080$

$= 1872$

學生反應 5

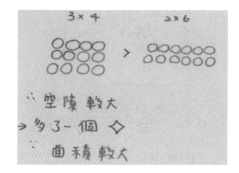

學生反應 6

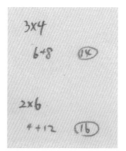

學生反應 7

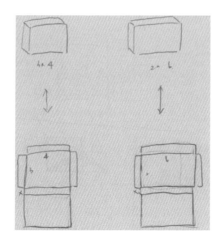

🌀 表 7-3

數學應用解題能力的整體性評分規準

評分等級	描述的特徵	反應類型
5 分	對數學問題顯示出完全的理解，所有作業解題的必要條件都包含在反應中。	反應 1 與 2
4 分	對數學問題顯示出合理的理解，所有的解題必要條件都包含了。	反應 4
3 分	對數學問題顯示出部分的理解，大部分的解題必要條件都包含了。	反應 3
2 分	對數學問題顯示出一些理解，許多的解題必要條件都遺漏了。	反應 7
1 分	對數學問題顯示出不甚了解的行為。	反應 5 與 6
0 分	對數學問題沒有反應／無法嘗試作業的行為。	

　　從上述學生對於圓柱體堆疊任務的解題表現分析，其評分規準的最高等級在於了解長方體柱體表面積的公式並加以應用：從觀察中，發現形體的底面積的形狀有 2 個長方形，其面積為長×寬，側面積的形狀經操作後，亦可展延成為一長方形，其面積亦為長×寬，只是寬為柱高，而長則是底面長方形的周長，其公式為底面長方形的（長＋寬）×2，因此可以透過底面和側面圖形面積所包含的元素進行判斷即可。若再精細的話，可考慮到包裝時圓柱角落的弧度，如反應 2 學生的思維。經由課堂評量之評分規準的設定，即便學生答案皆正確，但其解題思維卻有相異之處，更顯示出是否能利用數學概念進行推論，而彰顯數學化繁為簡之用。

第二節 百數表的奧祕

※**適合實施的年級**：國小六年級

※**相關能力指標**

* S-5-4 對稱：線對稱的意義。「對稱軸」、「對稱點」、「對稱邊」、「對稱角」。由操作活動知道特殊平面圖形的線對稱性質。利用線對稱做簡單幾何推理。製作或繪製線對稱圖形。

* R-5-3 以符號表示數學公式：國中代數的前置經驗。初步體驗符號之使用，隱含「符號代表數」、「符號與運算符號的結合」的經驗。應併入其他教學活動。

* R-6-2 數量關係：代數與函數的前置經驗。從具體情境或數量模式之活動出發，做觀察、推理、說明。

* R-6-3 數量關係的表示：代數與函數的前置經驗。將具體情境或模式中的數量關係，學習以文字或符號列出數量關係的關係式。

■ 情境問題的探索

大家都聽過少年數學家高斯將 $1 + 2 + 3 + 4 + \cdots + 100 = 5050$ 的故事，他將 1 與 100 相加等於 101，2 和 99 相加等於 101，他發現這個 1 加到 100 整數數列中，將頭尾兩數從中對折後，對應的數字相加等於 101 的值會有 50 個（中間為 $50 + 51 = 101$），因此將 $101 \times 50 = 5050$。聰明的小朋友想不想和高斯一樣呢？現在不用數列的方式，而採用你們熟悉的百數表，如下圖，這個圖表也列出了從 1 到 100 的整數，1 到 100 的總和也是 5050，大家的答案雖然都是 5050，但想法是不同的，你是怎麼想出的？說說看你的想法，並驗證答案是否是 5050。

91	91	93	94	95	96	97	98	99	100
81	82	83	84	85	86	87	88	89	90
71	72	73	74	75	76	77	78	79	80
61	62	63	64	65	66	67	68	69	70
51	52	53	54	55	56	57	58	59	60
41	42	43	44	45	46	47	48	49	50
31	32	33	34	35	36	37	38	39	40
21	22	23	24	25	26	27	28	29	30
11	12	13	14	15	16	17	18	19	20
1	2	3	4	5	6	7	8	9	10

- 要如何知道怎麼計算出百數表的總和是 5050 呢？
- 嘗試分解圖形並找到用於計算其總和的表達式。
- 提示：你能把這個不尋常的數值回溯到眾人所知的數值嗎？

教師佈題之後，要求學生觀察此把尺的特徵，將發現的數學問題提出，並嘗試解題和說明。

學生提出之數學問題與反應

1. 百數表有 10 行和 10 列，看起來像一正方形，每一行往上都會多 10。每一列往右都會多 1。

2. 發現每行加起來後，它們每行的總和都會有規律的變化；每一列加起來的總和也有規律變化的現象。

3. 高斯用 2 個數字加起來等於 101 的方式算出 1 到 100 的總和，我發現在百數表裡可以用 4 格的數字加總起來，變成一個區塊等於 202 的方式計算，它總共有 25 個區塊。

207

4. 不僅用橫列或直行的方式進行加總，會發現數字總和的規律變化，用斜的方式進行加總，也會有變化的規律。

三 學生解題思維

以下將學生在百數表的解題表現依照其圖像表徵及算式表現的情形，加以整合分類，並進行分析式與總結性的評分規準設定和比較，以了解學生的數學思維及解題策略，並給予課堂評量。

反應 1：區塊運算

所謂區塊運算是發現百數表中間的 4 個數字（如 45、46、55、56）可以形成一正方形的區塊，數字的和是 202，透過視覺化沿著對角線或點對稱的方式，可以得到 202 數值的區塊有 25 個。

91	92	93	94	95	96	97	98	99	100
81	82	83	84	85	86	87	88	89	90
71	72	73	74	75	76	77	78	79	80
61	62	63	64	65	66	67	68	69	70
51	52	53	54	55	56	57	58	59	60
41	42	43	44	45	46	47	48	49	50
31	32	33	34	35	36	37	38	39	40
21	22	23	24	25	26	27	28	29	30
11	12	13	14	15	16	17	18	19	20
1	2	3	4	5	6	7	8	9	10

反應 1-1　　　　　　　　　**反應 1-2**

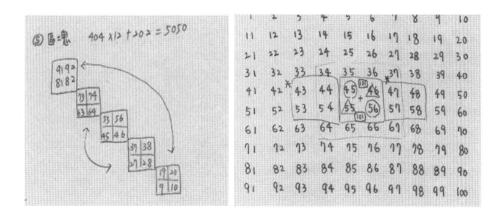

反應 1-3

反應 2：橫線運算

　　所謂橫線運算是將百數表橫列的 10 個數字予以加總（如下圖），將 10 條橫線所得之數值再予以加總計算，從橫線運算過程，學生會發現橫線加總的數值會呈現每列較前一列增加 100 的方式遞增的規律，例如最下一橫列數字加總後（1＋2＋3＋⋯＋10）爲 55，第二列則爲 155，第八列爲 755，第 10 列爲 955。

反應 2-1

$91+92+\cdots+100 = 95+190\times4+100 = 95+760+100 = 955$

$81+82+\cdots+90 = 85+170\times4+90 = 85+680+90 = 855$

$71+72+\cdots+80 = 75+150\times4+80 = 75+600+80 = 755$

$61+62+\cdots+70 = \qquad\cdots\qquad = 655$

$51+\qquad+60 = \qquad\qquad 555$

$\vdots$

$1+2+\cdots+10 = \qquad = 55$

反應 2-2

反應 2-3

反應 3：對角線運算

　　如下圖所示，先利用對角線 10 個數字（例如 1、12、23、34、45、56、67、78、89、100）的總和為 505 後，再依次將對角線上下之線斜線的數字分別算出和後，上面斜線之數值和依次較對角線少 10、29、57、94、140……，其與 505 的差額可由下方之對角線予以補足，因此 505 的值有 10 條斜線，再予以加總。

91	92	93	94	95	96	97	98	99	100
81	82	83	84	85	86	87	88	89	90
71	72	73	74	75	76	77	78	79	80
61	62	63	64	65	66	67	68	69	70
51	52	53	54	55	56	57	58	59	60
41	42	43	44	45	46	47	48	49	50
31	32	33	34	35	36	37	38	39	40
21	22	23	24	25	26	27	28	29	30
11	12	13	14	15	16	17	18	19	20
1	2	3	4	5	6	7	8	9	10

反應 3-1   反應 3-2

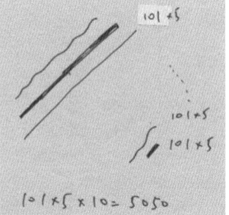

反應 4：直線運算

91	92	93	94	95	96	97	98	99	100
81	82	83	84	85	86	87	88	89	90
71	72	73	74	75	76	77	78	79	80
61	62	63	64	65	66	67	68	69	70
51	52	53	54	55	56	57	58	59	60
41	42	43	44	45	46	47	48	49	50
31	32	33	34	35	36	37	38	39	40
21	22	23	24	25	26	27	28	29	30
11	12	13	14	15	16	17	18	19	20
1	2	3	4	5	6	7	8	9	10

　　如上圖，將直行的數字如 1、11、21、31、41、51……91 此 10 個數字加總後，得到和為 460，次行會較前行多 10、20、30……90，因此將 460×10＝4600 後，再加上多的 450，總計 5050。

反應 4-1

④ $1+11+\cdots+91=460$

$2+12+\cdots+92=470$

$\vdots$

$9+19+\cdots+99=540$

$10+20+\cdots+100=550$

$460+550=1010$

$\left.470+540=1010\right) \times 5=5050$

反應 4-2   反應 4-3

$1\times10+(1+\sim+9)\times10=10+450=460$ 差10

$2\times10+(1+\sim+9)\times10=20+450=470$

$3\times10+(1+\sim+9)\times10=30+450=480$

$4\times10+\quad\vdots\quad=40+450=490$

$5\quad\quad=50+450=500$

$6\quad\quad=60+450=510$

$7\quad\vdots\quad=70+450=520$

$8\quad\quad=80+450=530$

$9\quad\quad=90+450=540$

$10+20+\cdots+100$

$=550$

$91+81+71+\cdots+11+1=460$

$92+82+72+\cdots+12+2=470$

$\vdots$

$\Rightarrow 460+470+480+\cdots+540+550$

$=5050$

反應 5：環狀運算

　　如下圖，以百數表的中心四個數值作為中心區塊，得到其和為 202，其外環藉由對角線關係可以得到 3 個與 202 數值相同的區塊；再次一環

可以得到與 202 數值相同的區塊 5 個；再來的環狀區塊有 7 個與 202 數值相同的區塊，最外環與 202 數值相同的區塊 9 個，總計百數表透過環狀區分可以得到與 202 數值相同的區塊 25 個，因此 1 加到 100 的總數為 $202 \times 25 = 5050$。

91	92	93	94	95	96	97	98	99	100
81	82	83	84	85	86	87	88	89	90
71	72	73	74	75	76	77	78	79	80
61	62	63	64	65	66	67	68	69	70
51	52	53	54	55	56	57	58	59	60
41	42	43	44	45	46	47	48	49	50
31	32	33	34	35	36	37	38	39	40
21	22	23	24	25	26	27	28	29	30
11	12	13	14	15	16	17	18	19	20
1	2	3	4	5	6	7	8	9	10

反應 5-1

反應 6：混合型運算

如下圖所示，運用此思維的學生是採用了對角線與區塊方式進行解題，將對角線上下各 4 個數值組成方塊後，然後將 2 個方塊再組合加總其值為 404，如此對應 404 相同數值的區塊組合有 12 個，再加上中心的區塊 202，總和即為 5050。

91	92	93	94	95	96	97	98	99	100
81	82	83	84	85	86	87	88	89	90
71	72	73	74	75	76	77	78	79	80
61	62	63	64	65	66	67	68	69	70
51	52	53	54	55	56	57	58	59	60
41	42	43	44	45	46	47	48	49	50
31	32	33	34	35	36	37	38	39	40
21	22	23	24	25	26	27	28	29	30
11	12	13	14	15	16	17	18	19	20
1	2	3	4	5	6	7	8	9	10

反應 **6-1**

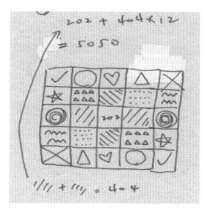

反應 **6-2**

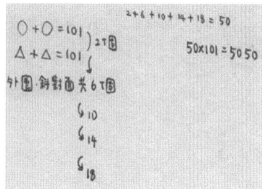

四 評分規準制定

　　將上述學生的百數表任務表現進行課堂評量，運用整體性與分析性所設定的評分規準，如表 7-4 和表 7-5 所示。

🖑 表 7-4
百數表數學解題能力的整體性評分規準

評分等級	描述的特徵	反應類型
5 分	對數學問題顯示出完全的理解，所有作業解題的必要條件都包含在反應中。	反應 1-1、1-3、2-2、2-3、4-1、4-2、4-3
4 分	對數學問題顯示出合理的理解，所有的解題必要條件都包含了。	反應 6-1、5-1
3 分	對數學問題顯示出部分的理解，大部分的解題必要條件都包含了。	反應 2-1
2 分	對數學問題顯示出一些理解，許多的解題必要條件都遺漏了。	反應 1-2、6-2
1 分	對數學問題顯示出不甚了解的行為。	反應 3-1、3-2
0 分	對數學問題沒有反應／無法嘗試作業的行為。	

⤵ 表 7-5

百數表任務的分析性評分規準

評分等級	評分規準	描述的特徵	反應類型
3 分	具有專業性報告所期待的數學解題特徵	* 呈現的數學公式內容容易領會，包含以下明顯的特徵： 1. 完全使用有效的數學概念的公式轉換。 2. 使用專業的數學概念或話語呈現想法。 3. 使用的公式描述清楚地支持概念呈現的目的。 4. 資料清晰、簡潔，完全使用合適的數學概念。	反應 1-1、1-3、2-2、2-3、4-1、4-2、4-3、6-1、5-1
2 分	適當的數學解題能力	* 呈現的數學公式內容容易領會，包含以下明顯的特徵： 1. 使用最基本的數學概念或話語轉換方式。 2. 使用較有結構性的數學概念或話語進行表達。 3. 提供支持概念目的的公式，但敘述不是非常清楚。 * 概念資料顯示出少許的散亂，結合了在以下的形式明顯的特徵： (1) 思慮的流暢性。 (2) 呈現的圖表。 (3) 想法／技巧。	反應 2-1、1-2、6-2
1 分	需要改進的數學解題能力	* 數學概念資料組織散亂，具有以下明顯的特徵不合適的概念或話語轉換： 1. 空泛無內容的數學概念或話語呈現。 2. 不充足及無關數學的內容。 3. 雜亂無章的公式。 * 概念資料顯示出巨大的雜亂，並結合了以下的形式明顯的特徵： (1) 思慮的流暢性。 (2) 呈現的公式說明。 (3) 想法／技巧。	反應 3-1、3-2
0 分	不合宜的數學解題能力	* 數學概念內容或話語呈現沒有組織性。 * 數學概念或話語呈現無法閱讀及理解。	

　　由上述整體性與分析性評分規準的使用，可以發現採用不同的評分規準，學生所安置的評分等級有所不同，此範例在於告知教師使用評分規準時可依其所蒐集之學生課室表現的資料，依其實際需求而使用。另可發現，不同的評分規準有其精細和敏感度，教師善加利用可發現學生解題呈現的優勢能力與特殊的思維，能更加細緻、客觀地評量學生的學習表現。

第三節　韻律教室的設計

※**適合實施的年級**：國小六年級

※**相關能力指標**：

* S-5-2 三角形與四邊形的面積：操作活動與推理。利用切割重組，建立面積公式，並能應用。

* S-6-3 圓周率、圓周長、圓面積、扇形面積：用分割說明圓面積公式。求扇形弧長與面積。知道以下三個比相等：(1) 圓心角：360；(2) 扇形弧長：圓周長；(3) 扇形面積：圓面積，但應用問題只處理用 (1) 求弧長或面積。

* R-6-4 解題：由問題中的數量關係，列出恰當的算式解題（同 N-6-9）。可包含(1)較複雜的模式（如座位排列模式）；(2)較複雜的計數：乘法原理、加法原理或其混合；(3) 較複雜之情境：如年齡問題、流水問題、和差問題、雞兔問題。

一 情境問題的探索

　　學校裡有一間教室剛好閒置著，它的長和寬分別為 8 公尺與 10 公尺，校長想把它變成一間韻律操的教室，如下圖，提供小朋友在體育課時到裡面練習舞蹈，校長規劃每位舞者的位置之間要有 2 公尺的間隔，且講臺也要與舞者相距 2 公尺，教室兩旁有窗戶，因此舞者需要離窗戶的牆

壁 1 公尺，要求同學們利用圖像排列的方式，看看此間教室可以容納多少舞者？

- 要如何知道怎麼計算出此間教室可以容納的人數呢？
- 嘗試設計圖形並找到用於計算其長度的表達式。
- 提示：你能把這個不尋常的數值回溯到眾人所知的數值嗎？

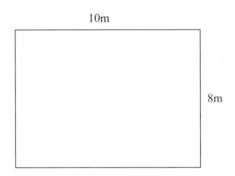

教師佈題之後，要求學生觀察此教室及要求的特徵，將發現的數學問題提出，並嘗試解題和說明。

📖 學生提出之數學問題與反應

1. 此教室的面積是 $10 \times 8 = 80$ 平方公尺，每個人可以獲得的面積是 $2 \times 2 = 4$，前面講臺的面積是 $2 \times 8 = 16$，窗戶兩邊靠牆壁的面積是 $1 \times 10 \times 2 = 20$。$80 - 16 = 64$，$64 \div 4 = 16$，所以應該可以容納 16 名舞者。

2. 兩名舞者之間需要空 2 公尺，三名舞者需要空 2 個 2 公尺，就要 4 公尺；四名舞者要空 3 個 2 公尺，需要空 6 公尺，配合兩邊靠牆壁的剛好 8 公尺，因此寬度可以安排 4 個舞者。教室長是 10 公尺，扣掉前面講台 2 公尺還剩 8 公尺，扣掉後面靠近牆壁 1 公尺，剩下 7 公尺，兩人之間要空 2 公尺，四名舞者要空 3 個 2 公尺，需要空 6 公尺，可以安排 4 位舞者，$4 \times 4 = 16$。

三 學生解題思維

反應 1：點數策略（正方形）

反應 1-1   反應 1-2

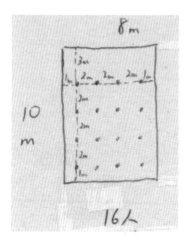   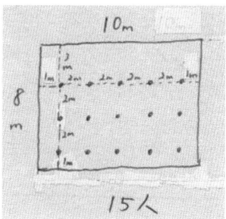

反應 1-3

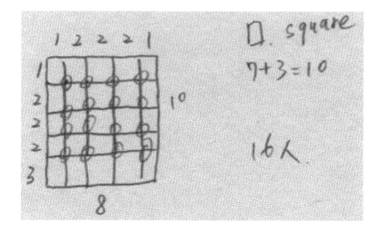

反應 2：圓形策略

反應 2-1

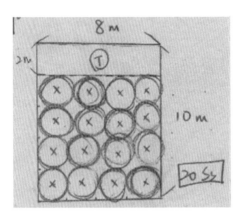

反應 2-2

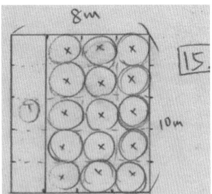

反應 2-3

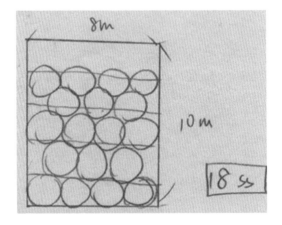

反應 **3**：三角形策略

反應 **3-1**　　　　　　　　　　　　　　　　反應 **3-2**

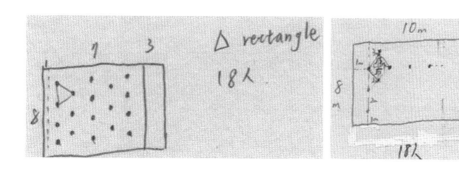

反應 **4**：數字扣除策略

反應 **4-1**

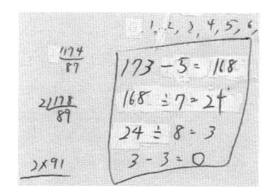

四 評分規準制定

　　將上述學生的韻律教室設計任務表現進行課堂評量，運用整體性與分析性所設定的評分規準，如表 7-6 所示。

⌒ 表 7-6

韻律教室設計解題的整體性評分規準

評分等級	描述的特徵	反應類型
5 分	對數學問題顯示出完全的理解，所有作業解題的必要條件都包含在反應中。	反應 1-1、1-3
4 分	對數學問題顯示出合理的理解，所有的解題必要條件都包含了。	反應 2-3、3-1
3 分	對數學問題顯示出部分的理解，大部分的解題必要條件都包含了。	反應 2-1
2 分	對數學問題顯示出一些理解，許多的解題必要條件都遺漏了。	反應 1-2、2-2
1 分	對數學問題顯示出不甚了解的行為。	反應 3-2
0 分	對數學問題沒有反應／無法嘗試作業的行為。	反應 4-1

　　透過上述評分規準的設定與學生解題表現反應的配對，可對學生在此任務中解題表現予以客觀且不同等級的評量。從解題呈現內容的完整與正確角度而言，評分等級 3 以上之反應者皆答案可為正確且合理；惟在精細度與溝通交流之明確性層面，則可以發現反應 1-1 與 1-3 者對於問題的陳述較合乎邏輯思維，陳述掌握的解題因素較為完整，因此給予最高等級 5 的評分；而反應 2-3 與 3-1 者，雖已明確利用圖像表徵呈現其解題思維，惟問題中相關解題的因素並未解釋清楚，在溝通上缺乏部分要素，因此給予較低的評分；很明顯地，反應 3-2 與 4-1 者，其呈現的解題內容並未清楚，甚至凌亂，因此給予最低等級的分數。

　　課室評量領域應該更多地關注如何從學生理解的證據直接轉向適當教學行為的描述。將任務設計與學生反應分析結合起來，以便與教學調整的一致性的假設奠定基礎。描述學生的流利程度可以為任課教師提供可能採取的行動建議，以便更多地關注一系列步驟和計算的精確性。由於學生需要從記憶中回憶起數學思想，因此增強這種回憶的機會可能很有價值。需

要進一步研究來探索應該提供多少練習及間隔時間。這些答案可能會根據所研究的數學思想而有所不同。如果學生不能重現所教授的數學思想，那麼就應該進一步研究學生的特點和教學方法。

第四節　結語

　　教師如何透過學生的工作來學習學生思維的問題是專業發展的一項重要能力（Kalathil & Sherin, 2000; Kazemi & Franke, 2003），根據 Kalathil 和 Sherin（2000）的觀點，教師可將學生的數學表徵形式納入其教學實踐中，包括 (1) 提供學生如何思考數學問題的訊息；(2) 提供學生有關的知識模式和趨勢的訊息；(3) 用作學生和老師的課堂工具。Kazemi 和 Franke（2003）提出，覺察的工作是教師同時考慮學生思維、教學法和主題問題的機會，Kazemi 和 Franke 也討論面臨的挑戰：透過學生的工作可以明確地接觸其思想？將學生的工作與對話相結合可以更清晰地思考其想法的重要性？

　　教師的每個談話動作都有一個目的、背景、形式和後果，並且這些維度共同支持某些話語模式。Hogan、Nastasi 和 Pressley（2015）發現，在支持學生學習方面，教師引導的討論比同伴討論更有效，從而可以透過發表、同意和接受彼此的言論來進行更多的知識建構對話。為了幫助學生深入推理，教師會提出諸如「你為什麼這麼認為？」之類的問題，或「是什麼讓你得出這個結論？」作為回應，學生需要透過詳細反思和闡明他們的想法來解釋他們的推理。Michaels 和 O'Connor（2015）確定了促進學生思考的四種不同類別的談話動作：(1) 澄清並分享自己的想法；(2) 以他人的思維為導向；(3) 加深自己的理解；(4) 參與他人的推理。

　　我們的目的是了解相似的談話動作，如何在不同的課堂上以不同的方式使用，從而產生不同的效果，特別是在以下方面：(1) 表徵的使用；(2)

教師與學生之間及學生之間的權力分配；(3) 所討論的數學策略的範圍和性質。課堂上參與的方式更多——透過評論、提問、解釋和回答。表徵的使用方式會影響學生理解概念的方式。

在數學課堂上有效地使用談話動作，教師需要用適當的力度有效地分解、表示和討論學生的策略，同時與其他策略聯繫起來。這需要深入了解學生的思維，既涉及當前的教學重點，又涉及他們當前的思維與未來學習的聯繫。一些教師可能會對學生特定的策略進行長篇大論的解釋，並過早地假設所有學生都理解這些解釋。其他教師可能只將教學重點放在他們認為重要的策略的特定方面，從而繞過其他步驟，最終導致一些學生落後。當教師學習支持學生透過特定的談話動作分享數學思想時，提供示例支持他們理解如何在過程層面上討論學生的策略，及如何與學生討論每個解題步驟是很重要的。

利用學生想法和推理的多樣性提供的機會進行全班數學討論非常重要。教師不應在討論中使用談話動作將學生的多種策略縮小為一個核心策略，而應使用這些動作來使學生的想法變得可見，探索和澄清它們，並允許討論中當前存在的策略受到學生的檢驗。重視學生的多樣化策略，應澄清和提升他們的片面性和過渡性思維。在課堂討論中融入不同的數學思想，我們同時為不同的學習者打開了大門，並提高了所有學生的學術嚴謹性。

參考文獻

一、中文部分

林福來、單維彰、李源順、鄭章華（2013）。「十二年國民基本教育領域綱要內容前導研究」整合型研究子計畫三：**十二年國民基本教育數學領域綱要內容之前導研究研究報告**（編號：NAER-102-06-A-1-02-03-1-12）。新北市：國家教育研究院。

教育部（2018）。**十二年國民基本教育課程綱要：國民中小學暨普通型高級中等學校數學領域**。臺北市：作者。https://cirn.moe.edu.tw/Upload/file/27405/61868.pdf

陳嘉皇（2002）。從成績單學習表現敘述之問題探討評分規準在教學與評量上的實際應用。**國教天地，149**，73-79。

陳嘉皇（2017）。以心智習性為主之數學教科書內容比較研究。**當代教育研究，25**(1)，1-44。

陳嘉皇（2020）。小六學童幾何心智習性表現之探究。**教育理論與實踐學刊，41**，17-44。

陳嘉皇（2021）。數學學術素養：數學話語在課程與教學上的應用。**課程研究，16**(1)，17-39。

陳嘉皇、梁淑坤（2022）。乘法話語教學實踐之解題表現研究。**香港中文大學教育學報，50**(1)，63-86。

二、英文部分

Abd-El- Khalick, F., BouJaoude, S., Duschl, R., Lederman, N. G., Mamlok-Naaman, R., Hofstein, A., Niaz, M., Treagust, D., & Tuan, H.-L. (2004). Inquiry in science education: *International perspectives. Science Education, 88*(3), 397-419. https://doi.org/10.1002/sce.10118

Adie, L. E., Willis, J., & Van der Kleij, F. M. (2018). Diverse Perspectives on Student agency in Classroom Assessment. *Aust. Educ. Res. 45*(1), 1-12. doi:10.1007/s13384-018-0262-2

Adler, J., & Ronda, E. (2015). A framework for describing mathematics discourse in instruction and interpreting differences in teaching. *African Journal of Research in Mathematics, Science and Technology Education*, *19*(3), 237-254.

Allal, L. (2019). Assessment and the Co-regulation of Learning in the Classroom. Assess. *Educ. Principles, Pol. Pract. 27*(4), 332-349. doi:10.1080/096959 4X.2019.1609411

An, S., & Wu, Z. (2012). Enhancing mathematics teachers' knowledge of students' thinking from assessing and analyzing misconceptions in homework. International *Journal of Science and Mathematics Education*, *10*(3), 717-753. https://doi.org/10.1007 /s10763-011-9324-x

Andrade, H. L., & Brookhart, S. M. (2019). Classroom Assessment as the Coregulation of Learning. Assess. *Educ. Principles, Pol. Pract, 27*(4), 350-372. doi:10.1080/0969594X.2019.1571992

Austin-Hurd, B. G. (2016). How educators conduct formative assessment with middle school student in order to improve student achievement (Publication No. 3745101) [Doctoral dissertation, Capella University). *ProQuest Dissertations & Theses Global* (1757740794). https://search.proquest.com/docview/1757740794 ?accountid=13360

Ball, D. L., & Cohen, D. K. (1996). Reform by the book: What is—or might be— the role of curriculum materials in teacher learning and instructional reform? *Educational Researche*r, *25*(9), 6-8.

Barwell, R. (2018). From language as a resource to sources of meaning in multilingual mathematics classrooms. *Journal of Mathematical Behavior*, *50*, 155-168.

Barwell, R. (2020). Learning mathematics in a second language: Language positive and language neutral classrooms. *Journal for Research in Mathematics Education*, *51*(2), 150-178.

Biehler, R. (2019). Allgemeinbildung, Mathematical Literacy, and Competence Orientation. In H. N. Jahnke & L. Hefendehl-Hebeker (Eds.), *Traditions in German-Speaking Mathematics Education Research* (pp. 141-170). Springer Cham. https://doi.org/10.1007/978-3-030-11069-7

Black, P., & Wiliam, D. (1998). Assessment and classroom learning. *Assessment in Education: Principles, Policy & Practice* 5, no. 1: 7-74.

Black, P., & Wiliam, D. (2003). 'In praise of educational research': Formative assessment. *British Educational Research Journal* 29, no. 5: 623-637.

Black, P., & Wiliam, D. (2009). Developing a theory of formative assessment. *Educational Assessment, Evaluation and Accountability, 21*(1), 5-31.

Black, P., & Wiliam, D. (2010). Inside the black box: Raising standards through classroom assessment. *Phi Delta Kappan, 92*(1), 81-90.

Bloom, B. S. (1969). Some theoretical issues relating to educational evaluation. In *Educational evaluation: New roles, new means. The 63rd yearbook of the National Society for the Study of Education, part 2* (Vol. 69), ed. R.W. Tyler, 26-50. Chicago, IL: University of Chicago Press.

Boaler, J. (2016). *Mathematical mindsets: Unleashing students' potential through creative math, inspiring messages and innovative teaching.* San Francisco, CA: Jossey-Bass.

Boesen, J. (2006). Assessing mathematical creativity : comparing national and teacher-made tests, explaining differences and examining impact (Publication Number 34) [Doctoral thesis, comprehensive summary, Matematik och matematisk statistik, Umeå universitet]. DiVA. Umeå. Retrieved October 19, 2012, from http://urn.kb.se/resolve?urn=urn:nbn:se:umu:diva-833

Boesen, J., Helenius, O., Bergqvist, E., Bergqvist, T., Lithner, J., Palm, T., & Palmberg, B. (2014). Developing mathematical competence: From the intended to the enacted curriculum. *The Journal of Mathematical Behavior, 33*, 72-87.

Bonham, J. L. (2018). *A study of middle school mathematics teachers' implementation of formative assessment* (Publication No. 10745351) [Doctoral dissertation, University of Delaware]. ProQuest Dissertations & Theses Global (2025939881). https://search.proquest.com/docview/2025939881?account id=13360

Bunterm, T., Lee, K., Ng Lan Kong, J., Srikoon, S., Vangpoomyai, P., Rattanavongsa, J., & Rachahoon, G. (2014). Do different levels of inquiry lead to different learning outcomes? A comparison between guided and structured inquiry. *International Journal of Science Education, 36*(12), 1937-1959. https://doi.org/10.1080/09500 693.2014.886347

Bybee, R., Taylor, J. A., Gardner, A., van Scotter, P., Carlson, J., Westbrook, A., et al. (2006). *The BSCS 5E instructional model: Origins and effectiveness.* Colorado Springs, CO: BSCS.

Çakir, R., Korkmaz, Ö., Bacanak, A., & Arslan, Ö. (2016). An Exploration of the Relationship between Students' Preferences for Formative Feedback and Self Regulated Learning Skills. *Malaysian Online J. Educ. Sci. 4*(4), 14-30.

Carpenter, T. P., Fennema, E., & Franke, M. L. (1996). Cognitively Guided Instruction: A knowledge base for reform in primary mathematics instruction. *The Elementary School Journal, 97*(1), 3-20.

CCSSI (2017). *Common core standards for mathematics.* Retrieved from http://www.corestandards.org/Math/ Practice/#CCSS.Math.Practice.MP1

Corcoran, T., Mosher, F. A., & Rogat, A. (2009). *Learning progressions in science: An evidence- based approach to reform.* Retrieved from http://www.cpre.org/images/stories/cpre pdfs/lp science rr63.pdf

Costa, A. L., & Kallick, B. (2009). *Habits of Mind Across the Curriculum: Practical and Creative Strategies for Teachers.* Virginis, Alexandria: Association for Supervision and Curriculum Development.

Crawford, B. A. (2014). From inquiry to scientific practices in the science classroom. In N. G. Lederman & S. K. Abell (Eds.), *Handbook of research on science education* (Vol. II, pp. 515-541). Routledge.

Cuoco, A., Goldenberg, E. P., & Mark, J. (1996). Habits of minds: An organizing principle for mathematics curricula. *Journal of Mathematical Behavior, 15,* 375-402.

Cuoco, A., Goldenberg, E. P., & Mark, J. (2010). Contemporary curriculum issues: Organizing a curriculum around mathematical habits of mind. *Mathematics Teacher, 103*(9), 682-688.

Davis, A. A. (2017). *A case study of mathematics teachers' use of short-cycle formative assessment strategies* (Publication No. 10753754) [Doctoral dissertation, University of North Texas]. ProQuest Dissertations & Theses Global (2009458498). https://search.proquest .com/docview/2009458498?accountid=1336

De Lange, J. (1999). *Framework for Classroom Assessment in Mathematics.* Freudenthal Institute and University of Madison: Utrecht, The Netherlands.

Deci, E. L., & Ryan, R. M. (2012). Motivation, personality, and development within embedded social contexts: An overview of self-determination theory. In R. M. Ryan (Ed.), *Oxford handbook of human motivation* (pp. 85-107). Oxford, UK: Oxford University Press.

Dewey, J. (1933). *How we think: A restatement of the relations of reflective thinking to the educative process* (2nd revised ed.). Boston, DC: Heath.

Dietiker, L. (2015). Mathematical story: A metaphor for mathematics curriculum. *Educational Studies in Mathematics*, *90*(3), 285-302.

Driscoll, M. (1999). *Fostering algebraic thinking: A guide for teachers grades 6-10.* Portsmouth, NH: Heinemann.

Driscoll, M., DiMatteo, R. W., Nikula, J. E., & Egan, M. (2007). *Fostering geometric thinking: A guide for teachers grades 5-10.* Portsmouth, NH: Heinemann.

Educational Designer (2014, October). Special Issue on Formative Assessment. Downloaded November 1, 2014 from http://www.educationaldesigner.org/ed/volume2/issue7/

Empson, S. B., & Jacobs, V. R. (2008). Learning to listen to children's mathematics. In D. Tirosh & T. L. Wood (Eds.), *The international handbook of mathematics teacher education: Vol. 2. Tools and processes in mathematics teacher education* (pp. 257-281). Sense.

Erath, K., Ingram, J., Moschkovich, J., & Prediger, S. (2021). Designing and enacting teaching that enhances language in mathematics classrooms. *ZDM Mathematics Education*, *53*(2), in this issue.

Fang, S. C., Hsu, Y. S., Chang, H. Y., Chang, W. H., Wu, H. K., & Chen, C. M. (2016). Investigating the effects of structured and guided inquiry on students' development of conceptual knowledge and inquiry abilities: A case study in Taiwan. *International Journal of Science Education, 38*(12), 1945-1971.

Freudenthal, H. (1973). *Mathematics as an educational task*, D. Reidel, Dordrecht.

Garrison, D. R., & Archer, W. (2000). A Transactional Perspective on Teaching and Learning: A Framework for Adult and Higher Education. United Kingdom: Emerald.

Gitomer, D. H., & Duschl, R. A. (2007). Establishing multilevel coherence in assessment. In *Evidence and decision making. The 106th yearbook of the National Society for the Study of Education, Part I*, ed. P.A. Moss, 288-320. Chicago, IL: National Society for the Study of Education.

Golafshani, N. (2013). Teachers' beliefs and teaching mathematics with manipulatives. *Canadian Journal for Education, 36*(3), 137-159.

Goldenberg, P. (2009). *Mathematical habits of mind and the language-learning brain: Algebra as a second language.* Paper presented at an AMS-MAA-MER Special Session on Mathematics and Education Reform, Joint Mathematics Meetings, Washington, DC. Retrieved from http://www.math.utep.edu/Faculty/kienlim/hom.html

Goldin, G. A. (2003). Representation in school mathematics: A unifying research perspective. In J. Kilpatrick, W. G. Martin, & D. Schifter (Eds.), *A research companion to principle and standards for school mathematics* (pp. 275-285). Reston, VA: The National Council of Teachers of Mathematics.

Goos, M. (2020). Mathematics Classroom Assessment. In S. Lerman (Ed.), *Encyclopedia of Mathematics Education* (pp. 572-576). Springer International Publishing.

Gravemeijer, K., Bruin-Muurling, G., Kraemer, J.-M., & van Stiphout, I. (2016). Shortcomings of mathematics education reform in The Netherlands: A paradigm case? *Mathematical Thinking and Learning, 18*(1), 25-44. https://doi.org/10.1080/10986065.2016.1107821

Grossman, P., Compton, C., Igra, D., Ronfeldt, M., Shahan, E., & Williamson, P. W. (2009). Teaching practice: A cross-professional perspective. *Teachers College Record*, *111*, 2055-2100.

Grouws, D. A., Tarr, J. E., Chávez, Ó., Sears, R., Soriaand, V. M., & Taylan, R. D. (2013). Curriculum and implementation effects on high school students' mathematics learning from curricula representing subject-specific and integrated content organizations. *Journal for Research in Mathematics Education*, *44*(2), 416-463. https://doi.org/10.5951/jresematheduc.44.2.0416

Harel, G. (2007). The DNR system as a conceptual framework for curriculum development an instruction. In R. Lesh, J. Kaput, & E. Hamilton (Eds.), *Foundations for the future in mathematics education* (pp. 263-280). Mahwah, NJ: Lawrence Erlbaum Associates.

Harel, G. (2008). What is mathematics? A pedagogical answer to a philosophical question. In B. Gold & R. Simons (Eds.), *Current issues in the philosophy of mathematics from the perspective of mathematicians* (pp. 265-290). Washington, DC: Mathematical American Association.

Harlen, W. (2014). Helping children's development of inquiry skills. *Inquiry in primary science education. (IPSE)*, *1*, 5-19.

Hattie, J., Crivelli, J., Van Gompel, K., West-Smith, P., and Wike, K. (2021). Feedback that Leads to Improvement in Student Essays: Testing the Hypothesis that "Where to Next" Feedback Is Most Powerful. *Front. Educ. 6*(182), 645758. doi:10.3389/feduc.2021.645758

Henningsen, M., & Stein, M. K. (1997). Mathematical tasks and student cognition: Classroom-based factors that support and inhibit high-level mathematical thinking and reasoning. *Journal for Research in Mathematics Education*, *28*(5), 524-549.

Heritage, M. (2018). Assessment for Learning as Support for Student Self Regulation. Aust. *Educ. Res. 45*(1), 51-63. doi:10.1007/s13384-018-0261-3

Hogan, K., Nastasi, B. K., & Pressley, M. (2015). Discourse patterns and collaborative scientific reasoning in peer and teacher-guided discussions.

Cognition and Instruction, *17*(4), 379-432.

Hoover, M., Mosvold, R., Ball, D. L., & Lai, Y. (2016). Making progress on mathematical knowledge for teaching. *The Mathematics Enthusiast*, *13*(1-2), 3-34. https://doi.org/10.54870/1551-3440.1363

Horoks, J., & Pilet, J. (2017). Assessment in mathematics as a lever to promote students' learning and teachers' professional development. In T. Dooley & G. Gueudet (Eds.), *Proceedings of the tenth congress of the European society for research in mathematics education* (CERME10, February 1-5, 2017) (pp. 3572-3579). DCU Institute of Education and ERME.

Ibarra-Sáiz, M. S., Rodríguez-Gómez, G., & Boud, D. (2020). Developing Student Competence through Peer Assessment: The Role of Feedback, Self-Regulation and Evaluative Judgement. *High Educ. 80*(1), 137-156. doi:10.1007/s10734-019-00469-2

Ingram, J., Andrews, N., & Pitt, A. (2019). When students offer explanations without the teacher explicitly asking them to. *Educational Studies in Mathematics*, *101*(1), 51-66.

Jacobs, V. R., Lamb, L. L., & Philipp, R. A. (2010). Professional noticing of children's mathematical thinking. *Journal for Research in Mathematics Education*, *41*(2), 169-202.

Jacobs, V., & Spangler, D. (2017). Research on core practices in k-12 mathematics teaching. In J. Cai (Ed.), *Compendium for research in mathematics education* (pp. 766-792). National Council of Teachers of Mathematics.

Jäder, J., Lithner, J., & Sidenvall, J. (2020). Mathematical problem solving in textbooks from twelve countries. *International Journal of Mathematical Education in Science and Technology*, *51*(7), 1120-1136.

Jeannotte, D., & Kieran, C. (2017). A conceptual model of mathematical reasoning for school mathematics. *Educational Studies in Mathematics*, *96*(1), 1-16.

Kalathil, R. R., & Sherin, M. G. (2000). Role of students' representations in the mathematics classroom. In B. J. Fishman & S. F. O'Connor-Divelbiss (Eds.), *International conference of the learning sciences: Facing the challenges of complex real-world settings* (pp. 27-28). Erlbaum.

Kazemi, E., & Franke, M. L. (2003). *Using student work to support professional development in elementary mathematics* (Working Paper No. W-03-1). Retrieved from University of Washington, Center for Study of Teaching and Policy website: https://www.education.uw.edu/ctp/sites/default/files/ctpmail/PDFs/Math-EKMLF-04-2003.pdf

Kilpatrick, J. (2020). Competency Frameworks in Mathematics Education. In S. Lerman (Ed.), *Encyclopedia of Mathematics Education* (pp. 110-113). Springer International Publishing.

Kirschner, P. A., Sweller, J., & Clark, R. E. (2010). Why minimal guidance during instruction does not work: An analysis of the failure of constructivist, discovery, problem-based, experiential and inquiry-based teaching. *Educational Psychologist. 41*(2), 75-86.

Lane, S., Stone, C. A., Ankemann, R. D., & Liu, M. (1994). Reliability and validity of a mathematics performance assessment. *Int. J. Educ. Res.*, *21*, 247-266. [CrossRef]

Lavigne, G. L., Vallerand, R. J., & Miquelon, P. (2007). A motivational model of persistence in science education: a self-determination theory approach. *European Journal of psychology of Education*, *22*(3), 351-369.

Leahy, S., Lyon, C., Thompson, M., & Wiliam, D. (2005). Classroom assessment: Minute by minute; day by day. *Educational Leadership*, *63*(3), 19-24.

Lederman, J. S., Lederman, N. G., Bartels, S., Jimenez, J., Acosta, K., Akubo, M., Aly, S., Andrade, M. A. B. S. D., Atanasova, M., Blanquet, E., Blonder, R., Brown, P., Cardoso, R., Castillo-Urueta, P., Chaipidech, P., Concannon, J., Dogan, O. K., El Deghaidy, H., Elzorkani, A., ... Wishart, J. (2021). International collaborative follow-up investigation of graduating high school students' understandings of the nature of scientific inquiry: Is progress being made? *International Journal of Science Education*, *43*(7), 991-1016. https://doi.org/10.1080/09500693.2021.1894500

Leikin, R. (2007). Habits of mind associated with advanced mathematical thinking and solution spaces of mathematical tasks. In *Proceedings of the Fifth Congress of the European Society for Research in Mathematics Education* (pp. 2330-2339), Larnaca, Cyprus.

Lesh, R., Post, T., & Behr, M. (1987). Representations and Translations among Representations in Mathematics Learning and Problem Solving. *Problems of Representation in the Teaching and Learning of Mathematics*, *21*, 33-40.

Lester, F. K., Jr., & Kehle, P. E. (2003). From problem solving to modeling: The evolution of thinking about research on complex mathematical activity. In R. Lesh & H. M. Doerr (Eds.), *Beyond constructivism: Models and modeling perspectives on mathematics problem solving, learning, and teaching* (pp. 501-517). Mahwah, NJ: Lawrence Erlbaum.

Lim, K. H. (2008). *Students' mental acts of anticipating: Foreseeing and predicting while solving problems involving algebraic inequalities and equations.* Saarbrücken, Germany: VDM.

Lindquist, M., Philpot, R., Mullis, I. V. S., Cotter, K. E. (Eds.) (2019). *TIMSS 2019 Mathematics Framework*. Retrieved from Boston College, TIMSS & PIRLS International Study Center 2019. Available online: http://timssandpirls.bc.edu/timss2019/frameworks/framework-chapters/mathematics-framework/ (accessed on 15 September 2021)

Lithner, J., Bergqvist, E., Bergqvist, T., Boesen, J., Palm, T., & Palmberg, B. (2010, January 26-27). Mathematical competences: A research framework [Conference session]. *Mathematics and mathematics education: Cultural and social dimensions. Madif 7: The seventh mathematics educational research seminar.* Stockholm, Sweden. Retrieved August 30, 2018, from http://matematikdidaktik

Lobato, J., Clarke, D., & Ellis, A. B. (2005). Initiating and eliciting in teaching: A reformulation of telling. *Journal for Research in Mathematics Education*, *36*(2), 101-136. https://www.jstor.org/stable/30034827

Maaß, K., & Artigue, M. (2013). Implementation of inquiry-based learning in day-to-day teaching: A synthesis. *ZDM - Mathematics Education*, *45*(6), 779-795.

Mark, J., Cuoco, A., Goldenberg, E. P., & Sword, S. (2009). *Developing mathematical habits of mind in the middle grades*. Retrieved from http://www2. edc.org/cme/hom/hom-middle-grades.pdf

Mason, J., & Spence, M. (1999). Beyond mere knowledge of mathematics: The importance of knowing-to act in the moment. *Educational Studies in Mathematics*, *38*, 135-161.

McManus, S. (2008). *Attributes of effective formative assessment.* Washington, DC: Council for Chief State School Officers. http://www.ccsso.org/publications/details.cfm?PublicationID=362

Melhuish, K., Thanheiser, E., & Fagan, J. (2019). The student discourse observation tool: Supporting teachers in noticing justifying and generalizing. *Mathematics Teacher Educator*, *7*(2), 57-74.

Mertler, C. A. (2001). Designing scoring rubr ics for your classroom. *Practical Assessment, Research, & Evaluation*, *7*(25). DOI: https://doi.org/10.7275/gcy8-0w24

Michaels, S., & O'Connor, C. (2015). Conceptualizing talk moves as tools: Professional development approaches for academically productive discussion. Socializing intelligence through talk and dialogue, 347-362.

Minner, D. D., Levy, A. J., & Century, J. (2010). Inquiry-based science instruction-what is it and does it matter? Results from a research synthesis years 1984 to 2002. *Journal of Research in Science Teaching*, *47*, 474-496. doi:10.1002/tea.20347.

Moschkovich, J. (2015). Academic literacy in mathematics for English learners. *Journal of Mathematical Behavior*, *40*(A), 43-62.

Moskal, B. M. (2000). Scoring rubrics: What, when and how? *Practical Assessment, Research, & Evaluation*, *7*(3). DOI: https://doi.org/10.7275/a5vq-7q66

National Council of Teachers of Mathematics (2000). *Principles and standards for school mathematics*. Reston, VA: National Council of Teachers of Mathematics.

National Council of Teachers of Mathematics (2018). *Catalyzing change in high school mathematics*. National Council of Teachers of Mathematics.

National Council of Teachers of Mathematics (NCTM) (2014). *Principles to Actions: Ensuring Mathematical Success for All. Reston.* Va.: NCTM.

National Governors Association Center for Best Practices and Council of Chief State School Officers (NGA Center and CCSSO) (2010). *Common Core State Standards for Mathematics. Common Core State Standards* (College- and Career-Readiness Standards and K-12 Standards in English Language Arts and Math). Washington, D.C..

National Research Council (2000). *Inquiry and the national science education standards.* Washington, DC: National Academy Press.

Ng, S. F., & Lee, K. (2009). The model method: Singapore children's tool for representing and solving algebraic word problems. *Journal for Research in Mathematics Education, 40*(3), 282-313.

NGSS Lead States (2013). *The next generation science standards: For states, by states.* The National Academies Press. https://doi.org/10.1016/j.endm.2015.07.014

Nieminen, J. H., & Atjonen, P. (2022). The assessment culture of mathematics in Finland: a student perspective. *Research in Mathematics Education*, 1-20. https://doi.org/10.1080/14794802.2022.2045626

Niss, M. (1993). Assessment in Mathematics Education and its Efects. In M. Niss (Ed.), *Investigations into Assessment in Mathematics Education.* An ICMI Study. Kluwer Academic Publishers.

Niss, M., & Højgaard, T. (2019). Mathematical competencies revisited. *Educational Studies in Mathematics, 102*(1), 9-28.

Niss, M., & Højgaard, T. (Eds.) (2011). *Competencies and Mathematical Learning. Ideas and inspiration for the development of mathematics teaching and learning in Denmark.* Roskilde: Roskilde Universitet. (IMFUFA-tekst: i, om og med matematik og fysik; Nr. 485)

Niss, M., Bruder, R., Planas, N., Turner, R., & Villa-Ochoa, J. A. (2016). Survey team on: Conceptualisation of the role of competencies, knowing and knowledge in mathematics education research. *ZDM-Mathematics Education,*

48(5), 611-632.

Norqvist, M., Jonsson, B., Lithner, J., Qwillbard, T., & Holm, L. (2019). Investigating algorithmic and creative reasoning strategies by eye tracking. *The Journal of Mathematical Behavior*, *55*, 1-14.

Nortvedt, G. A., & Buchholtz, N. (2018). Assessment in mathematics education: Responding to issues regarding methodology, policy, and equity. *ZDM-Mathematics Education*, *50*(4), 555-570.

Nuthall, G. (2005). The cultural myths and realities of classroom teaching and learning: A personal journey. *Teachers College Record. 107*(5), 895-934.

OECD (2016). *Education 2030: Preliminary reflections and research by experts on knowledge, skills, attitudes, and values towards 2030*, http://www.oecd.org/education/2030.

Ongoing Assessment Project (2017). *OGAP questions and student work samples*. Taylor and Francis.

Osta, I. (2020). Mathematics Curriculum Evaluation. In S. Lerman (Ed.), *Encyclopedia of Mathematics Education* (pp. 576-582). Springer International Publishing.

Panadero, E., Broadbent, J., Boud, D., & Lodge, J. M. (2019). Using Formative Assessment to Influence Self- and Co-regulated Learning: the Role of Evaluative Judgement. *Eur. J. Psychol. Educ. 34*, 535-557. doi:10.1007/s10212-018-0407-8

Pedaste, M., Maeots, M., Leijen, A., & Sarapuu, S. (2012). Improving students' inquiry skills through reflection and self-regulation scaffolds. Technology, Instruction, *Cognition and Learning*, *9*, 81-95.

Pedaste, M., Maeots, M., Siiman, L. A., de Jong, T., van Riesen, S. A. N., Kamp, E. T., Manoli, C. C., Zacharia, Z. C., & Tsourlidaki, E. (2015). Phases of inquiry-based learning: Definitions and the inquiry cycle. *Educational Research Review*, *14*, 47-61. https://doi.org/10.1016/j.edurev.2015.02.003

Pellegrino, N. Chudowsky, & R. Glaser (Eds.) (2001). *Knowing what Students Know: The Science and Design of Educational Assessment* (Washington, DC:

National Academies Press). doi:10.17226/10019

Pettersen, A., & Braeken, J. (2019). Mathematical Competency Demands of Assessment Items: A Search for Empirical Evidence. *International Journal of Science and Mathematics Education*, *17*(2), 405-425.

Philhower, J. (2018). *Investigating high school mathematics teachers' formative assessment practices* (Publication No. 10815272) [Doctoral dissertation, Michigan State University]. ProQuest Dissertations & Theses Global. https://search.proquest.com /docview/2042344819?accountid=13360

Pintrich, P. R. (2004). A Conceptual Framework for Assessing Motivation and Self Regulated Learning in College Students. *Educ. Psychol. Rev. 16*(4), 385-407. doi:10.1007/s10648-004-0006-x

Plate, R. (2010). Assessing individuals' understanding of nonlinear causal structures in complex systems. *System Dynamics Review*, *26*(1), 19-33. https://doi.org/10.1002/sdr.432

Polya, G. (1945). *How to solve it*. Princeton, NJ: Princeton University Press.

Popham, W. J. (2008). *Transformative assessment*. Alexandria, VA: ASCD.

Prediger, S., Erath, K., & Moser Opitz, E. (2019). The language dimension of mathematical difficulties. In A. Fritz, V. Haase, & P. Räsänen (Eds.), *International handbook of mathematical learning difficulties. From the laboratory to the classroom* (pp. 437-455). Springer.

Putra, F., Nur Kholifah, I. Y., Subali, B., & Rusilowati, A. (2018). 5E-Learning Cycle Strategy: Increasing Conceptual Understanding and Learning Motivation. *Jurnal Ilmiah Pendidikan Fisika Al-Biruni*, *7*(2), 171. https://doi.org/10.24042/jipfalbiruni.v7i2.2898

Raaijmakers, S. F., Baars, M., Paas, F., van Merriënboer, J. J. G., & van Gog, T. (2019). Effects of Self-Assessment Feedback on Self-Assessment and Task Selection. *Accuracy. Metacognition Learn. 14*(1), 21-42. doi:10.1007/s11409-019-09189-5

Rathje, R. J. (2018). *A qualitative case study of mathematics teachers' formative assessment feedback* (Publication No. 10974599) [Doctoral dissertation, Walden University]. ProQuest Dissertations & Theses Global. https://search.proquest. com/docvie w/2129736126?accountid=13360

Ratnasari, N., Tadjudin, N., Syazali, M., Mujib, M., & Andriani, S. (2018). Project Based Learning (PjBL) Model on the Mathematical Representation Ability. *Tadris: Jurnal Keguruan Dan Ilmu Tarbiyah*, *3*(1), 47. https://doi.org/10.24042/ tadris.v3i1.2535

Remillard, J. T. (2005). Examining key concepts in research on teachers' use of mathematics curricula. *Review of Educational Research*, *75*(2), 211-246.

Remillard, J. T., Harris, B., & Agodini, R. (2014). The influence of curriculum Material design on opportunities for student learning. *ZDM - Mathematics Education*, *46*(5), 735-749. https://doi.org/10.1007/s11858-014-0585-z

Rezat, S., Fan, L., & Peppin, B. (2021). Mathematics textbooks and curriculum resources as instruments for change. *ZDM - Mathematics Education*, *53*(6), 1189-1206.

Richman, A. S., Dietiker, L., & Riling, M. (2019). The plot thickens: The aesthetic dimensions of a captivating mathematics lesson. *The Journal of Mathematical Behavior*, *54*, Article 100671.https://doi.org/10.1016/j.jmathb.2018.08.005

Rohrer, D., & Pashler, H. (2010). Recent research on human learning challenges conventional instructional strategies. *Educational Researcher*, 39, no. 5: 406-12.

Rumsey, C., Guarino, J., Adams, R., Cho, C., & Lockhart, B. (2019). Tools to support K-2 students in mathematical argumentation. *Teaching Children Mathematics*, *25*(4), 208-217. https://doi.org/10.5951/teacchilmath.25.4.0208

Saclarides, E, S., Garner, B., Krause, G., Bertolone-Smith, C., & Munson, J. (2022). Design Principles That Support Course Design Innovation for Elementary Mathematics Methods Courses. *Mathematics Teacher Educator*, *11*(1), 8-25.

Sadeh, I., & Zion, M. (2009). The development of dynamic inquiry performances within an open inquiry setting: a comparison to guided inquiry setting. *Journal of Research in Science Teaching*, *46*(10), 1137-1160.

Sari, D. K., Supahar, U. R., & Ralmugiz, U. (2018). The Influence of Android-Based Isomorphic Physics (Forfis) Application on Analogical Transfer and Self-Diagnosis Skill of Students at SMA Negeri 3 Kupang. *Jurnal Pendidikan IPA Indonesia, 7*(2), 154-161. https://doi.org/10.15294/jpii.v7i2.14268

Saxe, G. B. (2015). Studying culture-cognition relations in collective practices of daily life: a research framework / El estudio de las relaciones cultura-cognición en las prácticas colectivas cotidianas: un modelo de investigación. *Infancia y Aprendizaje, 38*(3), 473-508, doi:10.1080/02103702.2015.1054669.

Saxe, G. B., Diakow, R., & Gearhart, M. (2013). Towards curricular coherence in integers and fractions: A study of the efficacy of a lesson sequence that uses the number line as the principal representational context. *ZDM, 45*(3), 343-364.

Scardamalia, M. (2002). Collective cognitive responsibility for the advance ment of knowledge. In B. Smith (Ed.), *Liberal education in a knowledge society* (pp. 67-98). Chicago, IL: Open Court.

Scardamalia, M., & Bereiter, C. (2014). Knowledge Building: Theory, pedagogy, and technology. In K. Sawyer (Ed.), *Cambridge Handbook of the Learning Sciences* (2nd ed.) (pp.397-417). Cambridge University Press. DOI: https://doi.org/10.1017/CBO9781139519526.025

Schoenfeld, A. H. (1994). Reflections on doing and teaching mathematics. In A. H. Shoenfeld (Ed.), *Mathematical Thinking and Problem Solving* (pp. 53-70). Hillsdale, NJ: Lawrence Erlbaum.

Scriven, M. (1967). The methodology of evaluation. In R. W. Tyler, R. M. Gagne, & M. Scriven (Eds.), *Perspectives of curriculum evaluation* (pp. 39-83). Chicago, IL: Rand McNally.

Shepard, L. A. (2008). Formative assessment: Caveat emptor. In C. A Dwyer (Ed.), *The future of assessment: Shaping teaching and learning* (pp. 279-303). New York: Erlbaum.

Shepard, L. A., Diaz-Bilello, E., Penuel, W. R., & Marion, S. F. (2020). *Classroom assessment principles to support teaching and learning.* Boulder, CO: Center for Assessment, Design, Research and Evaluation, University of Colorado

Boulder.

Silver, E. A. (1987). Foundations of Cognitive Theory and Research for Mathematics Problem-Solving Instruction. In A. H. Schoenfeld (Ed.), *Cognitive Science and Mathematics Education* (pp. 33-60). Hillsdale. NJ: Lawrence Erlbaum Associates.

Silver, E. A., & Smith, M. S. (1996). Building discourse communities in mathematics classrooms: A worthwhile but challenging journey. In P. C. Elliot & M. J. Kenny (Eds.), *Communication in mathematics: K-12 and beyond* (pp. 20-28). NCTM.

Simon, M. A. (2017). Explicating mathematical concept and mathematical conception as theoretical constructs. *Educational Studies in Mathematics*, *94*, 117-137.

Sinnema, C., Meyer, F., & Aitken, G. (2017). Capturing the complex, situated, and active nature of teaching through inquiry-oriented standards for teaching. *Journal of Teacher Education*, *68*(1), 9-27.

Smith, G., Wood, L., Coupland, M., Stephenson, B., Crawford, K., & Ball, G. (1996). Constructing mathematical examinations to assess a range of knowledge and skills. *Int. J. Math. Educ. Sci. Technol*, *27*, 65-77. [CrossRef]

Smith, J. P., III, Males, L. M., Dietiker, L. C., Lee, K., & Mosier, A. (2013). Curricular treatments of length measurement in the United States: Do they address known learning challenges? *Cognition and Instruction*, *31*(4), 388-433. https://doi.org/10.1080/07370008.2013.828728

Stanton, M. (2010). The systemic epistemology of the specialty of family psychology. In J. H. Bray & M. Stanton (Eds.), *The Wiley-Blackwell handbook of family psychology* (pp. 5-20). New York, NY: Wiley Blackwell. http://dx.doi.org/10.1002/9781444310238.ch1

Stein, M. K., Engle, R. A., Smith, M. S., & Hughes, E. K. (2008). Orchestrating productive mathematical discussions: Five practices for helping teachers move beyond show and tell. *Mathematical Thinking and Learning*, *10*(4), 313-340. https:// doi. org/ 10. 1080/10986060802229675

Stein, M. K., Grover, B. W., & Henningsen, M. (1996). Building student capacity for mathematical thinking and reasoning: An analysis of mathematical tasks used in reform classrooms. *American Educational Research Journal*, *33*(2), 455-488. https://doi.org/10.3102/00028312033002455

Stein, M. K., & Lane, S. (1996). "Instructional Tasks and the Development of Student Capacity to Think and Reason: An Analysis of the Relationship between Teaching and Learning in a Reform Mathematics Project." *Educational Research and Evaluation*, *2*(1), 50-80.

Stiggins, R. J., & Chappuis, J. (2008). Enhancing student learning. *District Administration*, *44*, 42-44.

Suurtamm, C., Thompson, D. R., Kim, R. Y., Moreno, L. D., Sayac, N., Schukajlow, S., Silver, E., Ufer, S., & Vos, P. (2016). *Assessment in Mathematics Education*. Springer Cham. https://doi.org/10.1007/978-3-319-32394-7_1

Swan, M. (2007). The impact of task-based professional development on teachers' practices and beliefs: A design research study. *Journal of Mathematics Teacher Education*, *10*(4-6), 217-237.

Swan, M., & Foster, C. (2019). "*Formative Assessment Lessons*". figshare. https://hdl.handle.net/2134/37556

Thompson, D. R., & Kaur, B. (2011). Using a multi-dimensional approach to understanding to assess students' mathematical knowledge. In B. Kaur & K. Y. Wong (Eds.), *Assessment in the Mathematics Classroom: 2011 Association of Mathematics Educators Yearbook* (pp. 17-32). World Scientific Publishing: Singapore.

Thompson, D. R., & Senk, S. L. (2010). Myths about curriculum implementation. In B. J. Reys, R. E. Reys, & R. Rubenstein (Eds.), *Mathematics curriculum: Issues, trends, and future directions: Seventy-second yearbook* (pp. 247-263). National Council of Teachers of Mathematics.

Valverde, G. A., Bianchi, L. J., Wolfe, R. G., Schmidt, W. H., & Houang, R. T. (2002). *According to the book: Using TIMSS to investigate the translation of policy into practice through the world of textbooks*. Kluwer.

van den Ham, A.-K., & Heinze, A. (2018). Does the textbook matter? Longitudinal effects of textbook choice on primary school students' achievement in mathematics. *Studies in Educational Evaluation, 59*, 133-140.

Veldius, M., & van den Heuvel-Panhuizen, M. (2020). Supporting primary school teachers'classroom assessment in mathematics education:Effects on student achievement. *Math. Educ. Res. J. 32*, 449-471. [CrossRef]

Vygotsky, L. S. (1978). *Mind in society: The development of higher psychological processes*. Harvard University Press.

Wallinga, W. (2017). *Examining the benefits of instructional assessment as experienced by secondary mathematics teachers* (Publication No. 10685701) [Doctoral dissertation, University of New Hampshire]. ProQuest Dissertations & Theses Global. https://search.proquest.com/docview/2013336163?account id=13360

Watt, H. (2005). Attitudes to the Use of Alternative Assessment Methods in Mathematics: A Study with Secondary Mathematics Teachers in Sydney. Australia. *Educational Studies in Mathematics, 58*(1), 21-44.

White, B. Y., & Frederiksen, J. R. (1998). Inquiry, modeling, and metacognition: making science accessible to all students. *Cognition and Instruction, 16*, 3-118. doi:10.1207/s1532690xci1601_2

Wiggins, G. (1992). Creating tests worth taking. *Educational Leadership, 49*(8), 26-33.

Wiliam, D. (2011). Embedded formative assessment. Bloomington: Solution Tree Press. doi:10.1017/CBO9780511794537

Wiliam, D., & M. Thompson. (2008). Integrating assessment with learning: What will it take to make it work? In C. A. Dwyer (Ed.) *The future of assessment: Shaping teaching and learning* (pp.53-82). New York: Erlbaum.

Zhang, J., Hong, H.-Y., Scardamalia, M., Teo, C., & Morley, E. (2011). Sustaining knowledge building as a principle-based innovation at an elementary school. *Journal of the Learning Sciences, 20*, 262-307. https://doi.org/10.1080/1050840 6.2011.528317

國家圖書館出版品預行編目資料

國小數學領域探究教學與課堂評量／陳嘉皇
著. －－初版.－－臺北市：五南圖書出版
股份有限公司, 2024.01
　　面；　公分
ISBN 978-626-366-844-7（平裝）

1.CST: 數學教育　2.CST: 初等教育
3.CST: 教學研究

523.32　　　　　　　　　　112020511

1I80

國小數學領域探究教學與課堂評量

作　　者－陳嘉皇

發 行 人－楊榮川

總 經 理－楊士清

總 編 輯－楊秀麗

副總編輯－黃文瓊

責任編輯－郭雲周、李敏華

封面設計－封怡彤

出 版 者－五南圖書出版股份有限公司

地　　址：106臺北市大安區和平東路二段339號4樓

電　　話：(02)2705-5066　傳　　真：(02)2706-6100

網　　址：https://www.wunan.com.tw

電子郵件：wunan@wunan.com.tw

劃撥帳號：01068953

戶　　名：五南圖書出版股份有限公司

法律顧問　林勝安律師

出版日期　2024年1月初版一刷

定　　價　新臺幣380元